La rivalidad femenina y cómo acabar con ella

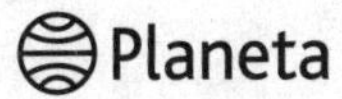

La rivalidad femenina y cómo acabar con ella

Élisabeth Cadoche

Anne de Montarlot

Traducción de María Eugenia Santa Coloma

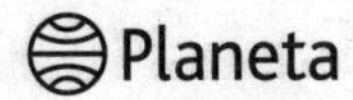

Obra editada en colaboración con Editorial Planeta – España

Título original: *En finir avec la rivalité féminine*

Elisabeth Cadoche y Anne de Montarlot

Bajo el sello editorial PLANETA M.R.
Avenida Presidente Masarik núm. 111,
Piso 2, Polanco V Sección, Miguel Hidalgo
C.P. 11560, Ciudad de México
www.planetadelibros.com.mx

Primera edición impresa en España: marzo de 2023
ISBN: 978-84-1100-143-4

Primera edición en formato epub en México: junio de 2023
ISBN: 978-607-39-0200-7

Primera edición impresa en México: junio de 2023
ISBN: 978-607-39-0167-3

Impreso en los talleres de Litográfica Ingramex, S.A. de C.V.
Centeno núm. 162-1, colonia Granjas Esmeralda, Ciudad de México
Impreso en México – *Printed in Mexico*

ÍNDICE

INTRODUCCIÓN

EL INFIERNO SON LAS OTRAS... MUJERES

En noviembre de 2021, la primera dama de Francia, Brigitte Macron, se convirtió en el blanco de un rumor que se difundió de forma masiva: el bulo de que en realidad era una mujer trans, nacida bajo el nombre de Jean-Michel Trogneux, y que no era, por tanto, la madre de sus hijos. Esta información falsa, compartida 34000 veces en Twitter[1] y que provocó que el *hashtag* #JeanMichel-Trogneux se usara 57000 veces, causó gran indignación. Consultada sobre este asunto un mes después, Brigitte Macron explicó que había decidido denunciarlo porque se negaba a ver «alterada» su genealogía. Cuando una periodista le preguntó acerca del origen de este rumor, respondió: «El primer nivel son quienes lo difunden. En este caso, se trata de mujeres [...] que al parecer me persiguen desde hace tiempo».[2]

Brigitte Macron no es la primera mujer que se enfrenta a estos rumores. En 2017, un presentador afín a teorías de la conspiración aseguró: «Michelle Obama es transgénero, lo sabemos todos».[3] Al año siguiente, le tocó el turno a Jacinda Ardern, primera ministra de Nueva Zelanda, que fue víctima de un sitio web conspirativo.[4] Sin embargo, enterarnos de que estas acusaciones son obra de otras mujeres nos deja atónitas.

En noviembre de 2019, el eterno soltero de Hollywood, Keanu Reeves, apareció en público con su pareja, Alexandra Grant, artista nueve años menor que él que luce con orgullo sus canas. Al día siguiente, si bien algunos se alegraron, la mayoría se burlaron. Las redes sociales se llenaron de comentarios de odio. «¿Por qué es tan vieja?»; «Keanu debería salir con alguien más joven»; «De lejos, creí que era Helen Mirren»; «Parece mayor que su madre»; «Espero que encuentre a alguien más joven para tener hijos...». Cuando analizamos estas palabras tan atroces, una vez más nos damos cuenta de que proceden de mujeres.

¿Y qué decir de Keely Shaye Smith, casada desde hace más de veinte años con Pierce Brosnan, el mítico James Bond, a quien la prensa sensacionalista ataca de manera habitual por su peso, pero también las redes sociales..., donde las instigadoras son otras mujeres? ¿Qué hay de la cantante y actriz Louane, que recibió, en las redes sociales, comentarios insultantes sobre su peso («Chica, deja los huevos Kinder» y otras golosinas) tras el nacimiento de su hija? ¿O de la cantante Hoshi, víctima de ataques homófobos, agredida dos veces por mujeres, la primera por una chica con quien iba al instituto y que la agredió «porque parecía lesbiana» y la otra vez por una amiga?

¿Cómo es posible que los dictados de la juventud, la belleza y la delgadez que se imponen a las mujeres sean adoptados por otras mujeres?

¿Una sociedad de la sororidad?

Desde 2017 y tras el auge del #MeToo, fuimos testigos de algunos arrebatos de sororidad sin precedentes. Las mujeres se dieron cuenta de que la palabra compartida era más audible, de que la experiencia colectiva era más poderosa y de que unir su dolor las hacía más visibles. Ahora que el sufrimiento individual e íntimo había terminado, experimentaríamos la llegada de lo universal y sus efectos analgésicos. Vimos el florecimiento de esta famosa sororidad, cuyo nombre anunciaba una nueva era. En 1975, en *Así sea ella*, la escritora feminista Benoîte Groult trató de nombrar este arrebato con una palabra que «ni siquiera estaba en el diccionario y a la que debería denominarse, a falta de algo mejor, *fraternidad femenina*». Neologismos aparte, la sororidad se ha impuesto poco a poco y estos últimos años ha estado en boca de las mujeres, en los títulos de los libros y en las conferencias.

Y entonces, ¿cómo podemos interpretar que, en este mismo contexto, cohabiten una dinámica entusiasta que une a las mujeres en la lucha por la igualdad y una dinámica destructiva contra quienes triunfan, son famosas o guapas?

El tabú de la rivalidad

Hace poco, publicamos un libro sobre las mujeres y el síndrome de la impostora,[5] y para un capítulo titulado «Las mujeres entre ellas», entrevistamos a muchas. Los testimonios que recogimos fueron escalofriantes y nos mostraron la realidad de los celos entre mujeres y los estragos de la rivalidad. No podíamos dejarlo así. Teníamos que analizarlo en mayor profundidad, entender lo que de verdad pasaba, sin complacencia. ¿Hasta qué punto intervienen las mujeres en el juego de la rivalidad? ¿Por qué? ¿De qué manera? ¿Es positivo o negativo?

Cuando se menciona la rivalidad femenina, las reacciones son bruscas. A veces se empieza por la negación: «La rivalidad entre las mujeres no existe...». Y luego se le echa la culpa a nuestra actitud esencialista. ¿Queremos echar más leña al fuego? ¿Perpetuar los estereotipos sexistas? ¿Llevar el agua al molino de los misóginos?

Por supuesto que no. Entonces ¿por qué es necesario hablar de ello? Porque es un tabú. Porque no podemos ignorar a las mujeres que acosan, que sienten celos, que humillan. Y porque ocultar los hechos no hace que desaparezcan. Nosotras preferimos observar, analizar y dar a conocer para actuar en consecuencia

Primero, ¿cuál es la envergadura del problema? ¿Nos alegramos de corazón del éxito de nuestras compañeras? ¿Ignoramos la posible rivalidad con otras mujeres cuando un hombre que nos gusta aparece en nuestras vidas? En el trabajo, ¿compartimos de buen grado el poder, las victorias, la visibilidad?

Por lo tanto, ¿cómo explicamos este fenómeno? ¿Cuáles son sus causas, sus raíces? ¿En qué se diferencia la rivalidad entre las mujeres de la de los hombres?

Y, por último, ¿cuáles son las soluciones? ¿Se puede acabar con la rivalidad femenina?

1

SITUACIÓN ACTUAL DE LA RIVALIDAD

> Me ayuda a reconciliarme con ser mujer el hecho
> de que no corro peligro de casarme con ninguna.
>
> LADY MONTAGU,
> escritora británica (1689-1762)

La rivalidad entre dos mujeres ha alimentado la prensa internacional durante mucho tiempo. Kate y Meghan, duquesa de Cambridge y duquesa de Sussex, respectivamente, han estado bajo la lupa de los periodistas que se han hecho eco de su relación, han escrutado la más mínima mirada, han analizado la más mínima palabra y han criticado el más mínimo gesto. Tanto es así que lograron dividir la opinión en dos bandos: los pro-Kate y los pro-Meghan. Como si su rivalidad fuera inevitable, como si no pudiera encontrar cada una su lugar dentro de la realeza. El «Megxit» acabó dando la razón a las malas lenguas y confirmó la rivalidad entre ambas mujeres. Daniela Elser, periodista especializada en la familia real, afirma que esto se debe a que han tenido trayectorias muy diferentes y a que Kate pudo haberse sentido «intimidada» por la carrera de Meghan, por su estatus de mujer libre. Pero ¿justifica eso la rivalidad? Objetivamente, ¿por qué se sienten amenazadas la una por la otra?

Por desgracia, la objetividad no tiene cabida en estas disputas femeninas porque, muy a menudo, razonamos con nuestras emociones y acabamos identificándonos con una u otra protagonista.

La rivalidad nos fascina, nos repugna o nos atrae. Conecta con nuestra parte más instintiva y nos puede poner en un estado de amenaza. Todas nos hemos cruzado con una mujer más guapa, más joven, más divertida o con más talento y esos atributos nos han resultado tan insoportables que nos han inoculado el veneno de los celos. A veces, incluso hemos sentido el impulso de menospreciarla. Ya se trate de una amiga, una madre, una suegra, una compañera de trabajo o una hermana, cada una de nosotras, en algún momento, ha sufrido en carne propia el encuentro desconcertante y molesto que puede representar una rival.

La «lucha» entre las dos duquesas caricaturiza, a mayor escala, lo que podemos sentir en secreto pero que no admitiremos jamás por miedo a ser juzgadas. Tanto si se han tenido celos como si se ha sentido un cierto placer ante la idea de denigrar a una rival, esta representación teatral mundialmente conocida nos pone delante del espejo y no puede dejarnos indiferentes. La obra es irresistible. Solo podemos sentarnos y asistir a estos juegos circenses.

Sin embargo, esta rivalidad se ha creado de la nada a partir de interpretaciones subjetivas de expertos de la realeza que han analizado el supuesto comportamiento de diva de la una o cierta demostración de frialdad de la otra. El relato se ha vuelto más crudo con cada nueva publicación, alimentado por las comparaciones sobre su forma de vestir, su estatura, la forma en la que se ríen, y la forma en la que lloran; todo esto en una narrativa que alterna lealtad y traición, venganza y celos. Las protagonistas de esta noticia se han convertido en las gallinas de los huevos de oro para la prensa, que hace apuestas sobre la ganadora. Estamos en medio de un psicodrama: ¿quién ganará, Kate o Meghan? Estamos, sobre todo, en medio de un estereotipo que alimenta comportamientos que circunscriben a las mujeres a un patio de recreo.

Que Kate y Meghan no han entablado una amistad espontánea, de acuerdo. Pero que la prensa se ha dado prisa en enemistarlas, también. Las mujeres que congenian no hacen correr ríos de tinta ni hacen vender más revistas del corazón. Pero ¿por qué nosotras, espectadoras y lectoras, compramos estas publicaciones, nos enganchamos a esta historia y elegimos un bando, aunque sea imaginario?

Las princesas/duquesas que compiten entre ellas nos recuerdan, entre la fantasía y la ficción, a los cuentos de hadas de nuestra infancia, donde una buena persona y una mala se enfrentaban; en este cuento, una rosa inglesa con tez de porcelana se enfrenta a una estadounidense divorciada e independiente. Esta relación abocada al fracaso ilustra los viejos patrones de las mujeres a la hora de vincularse entre ellas y perpetúa hasta la saciedad la idea de la comparación. El enemigo es necesariamente la otra mujer. Si se hubieran unido y ayudado, ¿se habrían vuelto aburridas? Nos encantan los cuentos de hadas, los finales felices y los «dimes y diretes». ¿Cómo podemos resolver esta ambivalencia?

ENVIDIA Y CELOS, ¿PASIONES TRISTES?

Los celos y la envidia son dos emociones que todos y todas hemos sentido alguna que otra vez. A menudo se confunden, pero, según la psicología:

- la envidia se manifiesta cuando deseas lo que posee otra persona (en la tradición cristiana es, además, uno de los siete pecados capitales enunciados por Santo Tomás de Aquino);
- los celos surgen cuando crees que te quitan algo o a alguien importante (un juguete, una tarea, una persona amada).

En ocasiones, estas dos emociones pueden darse a la vez, lo que hace aún más difícil distinguirlas; podemos sentir celos por una persona que amenaza con «arrebatarnos» a una pareja o un cargo y, al mismo tiempo, envidiar sus cualidades de las que, en nuestra opinión, nosotros carecemos. Si creemos al filósofo y matemático británico Bertrand Russell, la envidia es una causa de la desdicha moral y puede llevar a los celos.

La envidia moderada puede ser un motor; envidiamos al otro porque nos comparamos con él o ella, y lo consideramos «mejor» que nosotros. Al hacerlo, podemos imitarlo y llegar a ser como él o ella. En este caso, la envidia es un proceso positivo, un motor que se convierte en sinónimo de deseo.

La envidia puede, por lo tanto, conducir a una competitividad fructífera, aunque también a la rivalidad. Si la vemos como un reto, ya sea deportivo o profesional, fomenta la competencia, la autosuperación. Sin embargo, se vuelve dañina y destructiva cuando se mezcla con los celos o cuando nos genera una insatisfacción permanente. Porque la comparación, que entra en juego en la envidia, como veremos más adelante, puede convertirse, a dosis altas, en un auténtico veneno.

LA RIVALIDAD ES NATURAL

La biología nos explica que la rivalidad es uno de los factores intrínsecos de los seres vivos. Los animales compiten desde que nacen para acceder a los cuidados maternos, y más adelante para acceder al territorio, a la reproducción y a los recursos. La rivalidad ayuda a la supervivencia y a la reproducción e influye en la selección natural. Los seres humanos, al ser también animales sociales, estamos sometidos a los mismos procesos: competimos por la atención de los padres y, después, por el acceso al agua y a los alimentos, al poder, etcétera. Así pues, es normal que esta dinámica que nos ha conformado siga actuando en nuestra relación con los demás.

En economía, la rivalidad se produce cuando se pelea por un mismo mercado, y se conoce más comúnmente como competencia. En el deporte, la rivalidad se convierte en competencia y se le suele añadir el adjetivo «sana».

«Sana» porque empuja a los deportistas a superarse, a crecerse, a canalizar la energía e incluso la violencia.

¿Por qué la situación es distinta cuando la rivalidad se produce entre mujeres? ¿En qué se diferencia de la rivalidad entre hombres?

RIVALIDAD MASCULINA *VERSUS* RIVALIDAD FEMENINA

La rivalidad entre los hombres se acepta, incluso se valora; ¡que gane el mejor! La sociedad griega arcaica siempre honró el modelo de la lucha, del enfrentamiento entre dos héroes; Aquiles y Héctor luchan sin piedad en la *Ilíada* ¡y aplaudimos ante tanta excelencia y valentía! ¿Acaso no fue el detonante de la guerra de Troya la rivalidad entre dos varones que cortejaban a la misma mujer, Helena, esposa del rey griego Menelao, raptada por Paris, príncipe de Troya? En la mitología, incluso los dioses luchan entre ellos: los titanes, los primeros dioses, se enfrentaron a Zeus y los cíclopes. Las peleas entre hombres no solo son algo normal, sino motivo de gloria. Pompeyo y César, después de haber sido aliados en el primer triunvirato, compiten por el poder. Los gladiadores, en los juegos del circo romano, alcanzan el estatus de auténticas estrellas, como en el caso de Espartaco.

La cultura occidental está salpicada de referencias a la valentía de los hombres que se enfrentan entre ellos: a la epopeya y el cantar de gesta medieval se añaden los combates de caballeros en los torneos y, más adelante, los duelos, tanto con espadas como con pistolas.

Es como si el varón se sintiera realizado en la lucha. Como si el valor que demuestra dependiera de su forma de gestionar la rivalidad, que se vuelve, por tanto, un componente indisociable de su masculinidad y su poder. Y es sin duda en la guerra, esta manera colectiva de rivalidad, donde cumple mejor su destino.

En la actualidad, la rivalidad masculina adopta formas más metafóricas. Tiene lugar en el mundo laboral y adquiere el rostro del éxito social, con sus diversos indicadores: se compite por un cargo, por el escalón más alto del podio, por el primer puesto. Cuando observamos la lucha en el terreno de juego la entendemos como una manifestación viril que hay que cultivar. Como una pelea de gallos.

En cambio, en las mujeres, la rivalidad no tiene cabida. ¿No existe ningún modelo cultural de lucha en las mujeres? Hoy sabemos, gracias a los trabajos de historiadoras[1] y feministas,[2] que ha habido mujeres guerreras, caballeras en la Edad Media e incluso gladiadoras en la Antigüedad. Sin embargo, este pasado no solo no se ha transmitido, sino que se ha borrado con el paso de los siglos. Porque una mujer no está hecha para la lucha. Porque el «sexo débil» no necesita hacer una demostración de fuerza. Porque la competencia no forma parte de los llamados valores «femeninos». Porque una mujer no se siente realizada en la rivalidad, sino en la maternidad.

No solo se trata de que las mujeres nunca aprenden a competir, sino de que el orden patriarcal les prohíbe en cierto modo el sentimiento de rivalidad. Una mujer es cariñosa, colabora, es solidaria. De lo contrario, es una bruja (versión Shakespeare) o una histérica (versión Freud). Volveremos sobre esta idea más adelante.

Como hemos visto, la rivalidad forma parte de la vida, es natural. ¿Por qué hay que reprimirla, entonces, y qué pasa si nos obligamos a acallarla? Ahí es donde está el problema, porque, cuando el deseo de ganar nace en las mujeres, su energía se convierte en agresividad y se vuelve contra la persona que queremos ver fracasar. Lo que se manifiesta frontalmente en los hombres, porque es normal y se valora, pasa a ser tangencial y perverso en las mujeres. ¿Cómo podemos vivir la rivalidad cuando no se nos permite? Una posible respuesta es la pasivo-agresividad, como veremos en el capítulo 2.

Analicemos de momento la envergadura de esta rivalidad entre las mujeres, pese a estar oculta.

LAS MUJERES, ¿MÁS DISCRIMINATORIAS TODAVÍA QUE LOS HOMBRES?

Un estudio de Gallup de 2009[3] realizado en 2 059 adultos de Estados Unidos mostró una paradoja: aunque piensan que otras mujeres son buenas directivas, «las mujeres en activo no quieren, en realidad, trabajar para ellas». Cuanto más tiempo lleva una mujer trabajando, menos probable es que quiera una mujer como jefa. «El 35 % de las personas encuestadas han declarado que prefieren un jefe, frente al 23 % que prefieren una jefa.» «Los hombres, al igual que las mujeres, prefieren un jefe. [Sin embargo,] las mujeres son más propensas que los hombres a tener una preferencia, con mayores porcentajes que manifiestan preferencias por cada género de jefe», ha precisado el estudio. Cabe añadir que «el 63 % de las mujeres han mostrado su preferencia por un jefe frente a un 52 % de los hombres». Dicho de otro modo, según este sondeo, ¡las mujeres son más discriminatorias que los hombres!

Otros estudios confirman una cierta tendencia de las mujeres a la misoginia. En un artículo dedicado a las rivalidades en el lugar de trabajo,[4] la periodista y escritora Olga Khazan escribía: «En 2011, Kim Elsesser, ponente en UCLA (Universidad de California en Los Ángeles), analizó las respuestas de más de 60 000 personas y descubrió que las mujeres, incluso cuando ocupaban puestos directivos, eran más propensas a querer un jefe en lugar de una jefa. Los participantes explicaron que las jefas eran "emocionales", "malvadas" o "ineficientes"». En este estudio, los hombres también preferían los jefes, pero con un margen más reducido que las mujeres.

Khazan citaba otra investigación llevada a cabo con 142 secretarios judiciales, casi todos ellos mujeres: «Ninguna manifestó que prefería trabajar para una de las compañeras, y solo el 3 % indicó que les gustaba estar a las órdenes de una mujer. (Casi la mitad no tenía ninguna preferencia.) [...] En otro estudio, las mujeres que estaban a las órdenes de una jefa presentaban más síntomas de ansiedad, como alteraciones del sueño y dolores de cabeza, que quienes trabajaban para un hombre». Y Olga Khazan confirmaba que la tendencia se acentúa en las generaciones jóvenes.

La escritora y productora estadounidense Emily Gordon se pregunta, por su parte, por qué las mujeres compiten entre sí, se comparan, se menoscaban, se perjudican.[5]

Se considera algo excepcional, o al menos digno de mención, que famosas como Amy Schumer, Beyoncé y Taylor Swift reconozcan que otras mujeres tienen talento y que trabajan con ellas sin ser, la mayoría de las veces, malvadas. Eso las convierte en heroínas feministas. Ponerse en guardia con las demás mujeres es normal para muchas de nosotras, y es matador. Durante años, me he devanado los sesos intentando entender cómo las mujeres que eran mis aliadas más íntimas se habían convertido en mis enemigas más temibles. Escribo una columna de consejos y recibo un buen número de preguntas de mujeres que quieren saber cómo lidiar con su falta de confianza hacia las demás mujeres; por eso sé que no estoy sola.

ACABAR CON LA NEGACIÓN

«Me ayuda a reconciliarme con ser mujer el hecho de que no corro peligro de casarme con ninguna.» La frase de Lady Montagu que encabeza este capítulo podría ser una postura o responder a las ganas de soltar una ocurrencia. Y el hecho de que esta pulla de hace algunos siglos corra el riesgo de olvidarse es algo bueno, pero ¿qué nos hace pensar que esta postura resista el paso del tiempo? El daño está hecho y, pese a los avances feministas, las reivindicaciones de sororidad y los intentos de reconciliación y aceptación, observamos con pavor que aún nos queda mucho camino por recorrer. La mirada de la mujer sobre su propio sexo sigue estando distorsionada y tergiversada por siglos de dominio masculino, como veremos más adelante, y siempre condiciona nuestro modo de contemplarnos unas a otras. ¿Por qué las mujeres solemos juzgar, comparar, criticar? ¿Por qué admirar a otra mujer hace que nos sintamos amenazadas?

Hablar de la rivalidad femenina es, como hemos visto, una especie de tabú. Como si al aceptar indagar en su alma revelara su oscuridad. Porque no podemos criticar este defecto en otras mujeres sin haberlo experimentado nosotras. Y nos sentimos culpables al competir con una madre, una amiga, una hermana, otra mujer. Nos defendemos, lo negamos, lo sabemos; sentir envidia o celos no está bien y hablar de ello, aún menos. Fingimos que nos compadecemos o nos alegramos y sacamos a relucir nuestra sonrisa más falsa mientras ponemos mala cara por dentro. Actuamos así porque hemos aprendido a ser buenas chicas y no queremos parecernos ni lo más mínimo a las hermanastras de Cenicienta. Nos hemos criado con el feminismo y debemos ser «hermanas», y nos creemos que de verdad somos únicas porque formamos parte de un grupo de chicas cuyos miembros se quieren como hermanas y se apoyan. No se hable más.

¿HAY MUJERES MISÓGINAS?

¿Las mujeres pueden ser misóginas? «Sabemos que es posible desde que leímos con estupor, el 9 de enero de 2018, en *Le Monde*, que cien mujeres salieron en defensa de los acosadores incriminados por el movimiento #MeToo»,[6] escribe la historiadora Éliane Viennot[7] en referencia a dicho artículo de opinión, que versaba sobre la libertad de molestar. Una de las signatarias, Peggy

Sastre, afirmaba estar «atónita porque las mismas que se congratulan de la libertad de expresión ¡piden que nos callemos!».

El tema tiene su chiste. Aún nos cuesta aceptar que las mujeres critiquen a otras mujeres, que no estemos todas siempre de parte de las mujeres. Y, sin embargo, ¿cuántas historias hablan del mal comportamiento de las mujeres entre ellas?

Tatiana Salomon, presidenta del movimiento Jamais Sans Elles (Nunca Sin Ellas), se atreve a soltar una bomba:

> Seguramente me criticarán por esto, pero creo que ha llegado el momento de atreverse a decir que en realidad hay tantas mujeres misóginas como hombres misóginos. Es un tema real, por lo que hay que empezar a hablar de ello, aunque duela. Las relaciones en la sociedad son, ante todo, relaciones de poder, y cualquier relación de poder acaba de manera inexorable por convertirse en una relación conflictiva. Pero en lo concerniente a esos foros sumamente violentos a los que se refiere, mi sensación es que nadie escucha a nadie. Es probable que cada una de las posturas contribuya al debate, pero no se trata de un diálogo; es una simple yuxtaposición de monólogos tan absurdos como inútiles. No obstante, es fundamental escucharse.[8]

Es típico de los tiempos que corren que nos cueste debatir, vivimos en la cultura de la confrontación y de la interacción mediática o, como dicen en inglés, del *clash* y del *buzz*, términos que enmascaran nuestra dificultad para abandonar un pensamiento binario y expresar la diferencia, como si todo fuera blanco o negro, bueno o malo, a favor o en contra.

La francobritánica Camille Charrière, bloguera, periodista de moda, *influencer* y *podcaster*,[9] es una joven de su tiempo, guapa, libre, divertida y poco preocupada por las convenciones. En diciembre de 2021 se casó con un vestido de encaje transparente y con un tanga a la vista. Las mujeres comentaron sus fotos de la boda y se produjo una oleada de odio: «¡Eres una vergüenza para tu familia!»; «Se parece más a una prostituta que a una escritora»; «La pornografía ha irrumpido en la cultura dominante; esto no es más que un ejemplo de ello»; «Increíblemente vulgar... Y al matrimonio le doy dos años como mucho».

> Lo que esta reacción aplastante acerca de mi vestido de novia indica —escribe Camille Charrière—[10] es hasta qué punto la misoginia interiorizada está aún extendida. [...] Está causada por ideas abstractas profundamente arraigadas sobre el modo en que las mujeres deberían vestirse y comportarse, normas creadas por una sociedad patriarcal. [...] El problema con el sexismo es que no podemos ganar. ¿Demasiado tapada? Sosa. ¿Demasiado destapada? Golfa. [...] Lo que me preocupa es la facilidad con la que propagamos el odio y adónde puede conducir esto. Los alegatos de defensa de esta rabia son siempre los mismos: «Tan solo hago uso de mi libertad de expresión» y «Tú te expones a la mirada del público». No nos engañemos: no se trata de un problema limitado a la moda. Se hace visi-

> ble cada vez que criticamos a una mujer por ser «demasiado emotiva» o «demasiado sensible», cuando minamos la valía intelectual de la literatura femenina o cuando nos preguntamos por qué una mujer no ha denunciado antes una agresión sexual. La misoginia interiorizada actúa cuando nosotras, como mujeres, respaldamos un comportamiento masculino que no deberíamos respaldar. [...] El principio de la sabiduría consiste en llamar a las cosas por su nombre; la misoginia no es una opinión.

¿Cómo podemos explicar que se muestren sentimientos de desprecio hacia el propio sexo y se preconicen comportamientos de pasividad, servilismo y abnegación? Parece una caricatura del patriarcado, pero esta misoginia está muy presente y no da señales de estancamiento.

¿Puede ser fruto de un miedo existencial ante el vértigo de la autodeterminación y la autonomía debido a una educación debilitante que relega las decisiones cruciales a los hombres? ¿O puede tratarse de un sentimiento de vergüenza ancestral, oculto en nuestro interior, y que hace que nos odiemos? En resumen, ¿la misoginia interiorizada es resultado del patriarcado?

La escritora estadounidense Susan Shapiro Barash, experta en género,[11] llevó a cabo una investigación con 500 mujeres de todas las edades, orígenes y clases sociales; más del 90 % de las mujeres reconocieron que la envidia y los celos hacia otras mujeres formaban parte de su vida. En su estudio, Barash distingue entre competencia y rivalidad:

> En la competencia, somos conscientes de nuestra valía, y medimos nuestras capacidades y habilidades con las de otra persona, hombre o mujer. La rivalidad se basa no solo en la fuerza, sino en el miedo de ser suplantadas por otra mujer, ya sea en la esfera profesional o sentimental. Es ambigua y más traicionera, ya que es inconsciente. Todavía se educa a las mujeres para que sean dóciles, prioricen las relaciones afectivas y no reconozcan su afición por el poder. Están atrapadas entre su reticencia a mostrar su ambición y su frustración por no triunfar como les gustaría.[12]

Entre los jóvenes en Estados Unidos se observa la aparición de sesgos misóginos y sexistas en las chicas. Bella Eckburg, estudiante de Periodismo en la Universidad de Colorado, condena las tendencias de TikTok que, en su opinión, promueven el sexismo y la misoginia interiorizada.[13] ¿Su constatación? Cada vez hay más chicas que no se solidarizan con sus compañeras y que consideran la femineidad demasiado ñoña, demasiado trivial y demasiado artificiosa.

> Estoy segura de que habrás oído la frase «Yo no soy como las demás chicas». Se ha vuelto un *meme* popular para referirse a las jóvenes que se apartan de los estereotipos femeninos porque no encajan en el molde. [...] Pero ¿qué hay de malo en ser como las demás chicas? [...] Respuesta: ¡misoginia! [...] No ser «como las demás chicas» es una forma encubierta de expresar la misoginia interiorizada. Es algo en lo que muchas personas no dudan en participar. La misoginia interiorizada precisa una reflexión personal activa para poder abordarse.

Tipología de la misoginia femenina

Berit Brogaard, profesora y directora del Laboratorio Brogaard para la Investigación Multisensorial de la Universidad de Miami, señala que a menudo las mujeres no son conscientes de su odio inexplicable hacia otras mujeres.[14] Ha elaborado una clasificación que distingue cuatro tipos de comportamientos:

- **La puritana**, cuya versión del ideal femenino es «un ama de casa servil, sustentadora, amable, que sea ecuánime y muestre siempre buena disposición, tenga buen aspecto y se mantenga pura hasta el matrimonio». Según Brogaard, integra los ideales femeninos de su marido misógino o de sus allegados. Es una paloma blanca que encarna la sumisión.
- **La misógina autocrítica**. Para ella es importante seguir siendo femenina, es decir, no intentar, bajo ningún concepto, adoptar una actitud o una forma de vestir que podría considerarse «masculina». Debe ser amable y complaciente. Brogaard la describe como «despectiva ante mujeres que no son muy femeninas, ya sea porque eligen no serlo, ya sea porque no son muy dadas a actuar de forma tradicional. No le gustan las mujeres que destacan, que son demasiado masculinas, que están demasiado enojadas y que son demasiado competitivas». En definitiva, los hombres deben ser machos alfa y cada uno debe permanecer en su lugar dentro del patrón dominante-dominada.

- **La misógina que se detesta**. Representa una forma de odio a sí misma. «Ha adoptado una actitud de desprecio general hacia todas las que forman parte del género repugnante en el que se incluye. Ve a las mujeres, entre las que se encuentra ella, como personas de poca moral, manipuladoras, deshonestas, irracionales, ineptas y desprovistas de inteligencia... Tiende a no darse cuenta de su autodesprecio, pero no deja de despreciar a las demás mujeres.» Este tipo de misoginia demoniza a la mujer y la asocia a una perversidad moral.
- **La misógina diabólica.** Es de esa clase de mujeres que no dudará en ponerte el pie si tienes la desgracia de cruzarte en su camino. Compite sin escrúpulos. «La misógina diabólica se considera superior a las demás mujeres y se sitúa al mismo nivel o incluso por encima de los machos alfa. Según ella, las otras mujeres son manipuladoras, deshonestas, irracionales, ineptas y poco inteligentes, algo de lo que ella está exenta. Puede poseer algunas virtudes femeninas estereotipadas, como la belleza y la delgadez. Sin embargo, se ve a sí misma como alguien que utiliza las virtudes estereotípicamente masculinas, como la inteligencia, la fortaleza de carácter y la racionalidad [...]. Compite constantemente con las demás mujeres y prefiere impedir que una mujer escale en su carrera profesional antes que ayudarla.»

JUEGO, SET Y ENFRENTAMIENTO

Si existe un terreno donde uno esperaría que no hubiera rivalidad ni mezquindad es el deporte. Disciplina competitiva por excelencia, el deporte tiene reglas establecidas, se debe aprender a jugar limpio, tener el deseo de superarse y las ganas de triunfar, de ganar, respetando a los adversarios en todo momento. Sin embargo, en los campos de futbol vemos con frecuencia a hombres que llegan a los golpes por un error arbitral. Y las mujeres tampoco se quedan atrás. En el Masters de Roma de 2011, en el punto de set se oyó a Victoria Azarenka dedicarle a su rival Maria Sharapova un «*Fucking bitch!*». Más tarde lo negó y aseguró que el insulto iba dirigido a ella misma.

> Las rivalidades entre mujeres son más tensas —reconoce Amélie Mauresmo—. Los hombres son más legales. Si hay un problema, intentarán arreglarlo enseguida, con un apretón de manos en los vestidores con una buena plática, y pasarán a otra cosa. En las mujeres, el malentendido puede durar años y es muy típico ver a dos mujeres que se dan la mano mientras hacen de tripas corazón.[15]

A veces, la competencia en el terreno de juego continúa en el terreno personal. Identificamos a la mujer deportista con sus títulos y su juego, y eso forma un todo. Es difícil, por tanto, no juzgarla en su integridad. Lo que es más tendencioso es rivalizar «por representación». Este fenómeno ocurre con el deportista hombre, que se concibe como un conjunto de cosas y que, aunque juegue limpio en el campo, verá cómo su esposa compite con las parejas de otros deportistas. En el Reino Unido, las *wags* hacen las delicias de la prensa sensacionalista. *Wag* viene de *wives and girlfriends*, «mujeres y novias»... de deportistas hombres. Si bien algunas *wags* dan muestras de complicidad, otras no dudan en ponerse el pie. Conocen al dedillo los logros deportivos de sus maridos y les encanta destacarlos... y se pelean, a veces literalmente, con otras *wags*. Coleen Rooney demandó por difamación a su rival Rebekah Vardy por haber filtrado a la prensa (*The Sun*) historias falsas sobre su vida privada. Sus maridos, los futbolistas Wayne Rooney y Jamie Vardy, que jugaban juntos en la selección inglesa y eran amigos íntimos, se vieron obligados a apoyar a sus respectivas esposas en el juzgado. A Vardy se le conoce como «Wagatha Christie» por haber investigado con minuciosidad la vida de su rival. Un asunto que no va a ayudar a la causa femenina.

LA RIVALIDAD EN LA PANTALLA Y MÁS ALLÁ

La rivalidad femenina está por todas partes; tan solo hay que ver series o ir al cine. «Joan se acostó con todos los chicos de la MGM, excepto con Lassie.»[16] Esta respuesta envenenada de la actriz estadounidense Bette Davis tenía que ver con otra estrella de Hollywood, Joan Crawford. En 1933, Bette Davis estaba a punto de ser famosa gracias al estreno de la película *Ex-Lady*, de Robert Florey. Fue el momento elegido por Joan Crawford para divorciarse... y ¡robarle el protagonismo! Peor aún, Crawford recibió un Óscar en 1945 por su papel en *Mildred Pierce*, de Michael Curtiz, papel que Bette Davis había rechazado. En 1962, las dos actrices compartieron cartel en *¿Qué fue de Baby Jane?*, de Robert Aldrich. El rodaje fue una sucesión de golpes bajos y golpes reales... resulta que Joan Crawford atizó a su enemiga en la cabeza, supuestamente por accidente. La rivalidad entre ambas actrices hizo las delicias de los periódicos de la época. Pero ¿han quedado de verdad atrás esos tiempos?

Aunque en la pantalla la bonita amistad de cuatro mujeres en *Sex and the City* es un placer para la vista, la rivalidad entre dos de las actrices por un asunto de caché y poder empeñó la promoción de la serie y de la película. Kim Cattrall (que interpreta a Samantha) se ofendió por el aumento de sueldo de Sarah Jessica Parker (que interpreta a Carrie Bradshaw, la protagonista) y por su cargo como productora ejecutiva. Claro está que sin Bradshaw no había espectáculo. Así pues, las compañeras de Kim Cattrall la ignoraron y se quedó sola en varias ceremonias, como la de los Emmy, e incluso durante el rodaje de la película. En el *reboot* de *Sex and the City*, no hay ni rastro de ella...

La rivalidad se manifiesta hasta en la maternidad. En la serie *Big Little Lies* (2017, adaptación de la novela de Liane Moriarty), Renata Klein, interpretada por Laura Dern, es una mujer de negocios muy poderosa, guapa, que se siente realizada y que es madre de una niña. Las madres de la escuela la odian porque alardea de su éxito y no participa en la vida escolar. Hay, por tanto, rivalidad entre las que trabajan y las que se dedican solo a sus hijos. Entre quienes son «buenas» madres y las demás.

La maternidad es un terreno abonado para la competencia.

La educación se convierte en un problema, y las madres cuyos hijos van bien se regocijan de que los hijos de las demás fracasen; es una especie de rivalidad a través de terceras personas. Así lo muestra el testimonio de Ella, 39 años.

> Tessa y yo nos hicimos amigas hace 12 años; nuestros hijos iban a la misma clase en el kinder. Enseguida empezamos a vernos fuera de la escuela y a cenar juntas, con nuestras respectivas parejas. Teníamos una buena relación. Hasta que nuestros hijos fueron a la escuela. El hijo de Tessa siempre ha sacado peores calificaciones que el mío, pero esa no era la cuestión. Antes de ESO, empezamos a distanciarnos y el vínculo de amistad entre Tessa y yo se fue debilitando. Al principio no entendía cuál era el origen del problema y, cuando mi hijo planteó su hipótesis, me pareció absurda. Tessa me evitaba y se negaba a salir conmigo en la cafetería por la mañana, que era nuestro ritual. Al final, después de una reunión de padres con los profesores, la confronté para saber qué pasaba. Su respuesta fue clara: «¡No puedes entender por lo que estoy pasando, con tu hijo perfecto, encantador y el primero de la clase! Prefiero distanciarme un poco». Le dije que eso era ridículo, pero se enfureció. Nuestros hijos siguen siendo amigos, pero nosotras ya no.

El cine está repleto de estas rivalidades. Por conseguir un estatus social, un trabajo o por la cara bonita de un hombre. Pero lo que más acentúa la rivalidad entre mujeres, y que puede enredarlo todo, es la belleza.

LA BELLEZA, TERRENO ABONADO PARA LA RIVALIDAD

> Los poetas, mirando mis grandes actitudes,
> que yo doy a los más hermosos monumentos,
> dedican los estudios de sus mejores días.[17]

Mientras que en los hombres la rivalidad gira en torno a la posesión, en las mujeres, como veremos más adelante, suele tener su origen en lo siguiente:

- la falta de autoestima,
- la falta de confianza en nosotras mismas,
- los complejos,
- el rechazo a nuestro cuerpo,
- la fragilidad de nuestra imagen (ya sea personal o profesional).

Anaïs, 40 años, es editora de una revista femenina.

«Un día, mi asistente me comentó que, durante una sesión de fotos, había estado muy antipática con la modelo, algo que por supuesto me negué a escuchar. Al darle vueltas al asunto, me di cuenta de que tenía razón. Elijo las modelos, hago todo lo posible por no dejar traslucir mi admiración por su belleza, intento ser amable, pero cuanto más simpáticas y guapas las encuentro, más merma la confianza que tengo en mí misma y más me corroen los celos. Es absurdo: tengo un marido que me quiere y un trabajo que me llena, pero no puedo evitar envidiarlas. Su belleza hace que me vea como el patito feo. Desde este episodio, siempre les muestro mi mejor sonrisa, pero en el fondo finjo.»

¿Anaïs tiene un defecto, una flaqueza, para pensar así? Volviendo a su relato y a la expresión usada, «patito feo», nos enteramos de que su hermana mayor, a la que ella adora, es una mujer impresionante y que, según Anaïs, es la preferida de sus padres. Su hermana llevaba la etiqueta de «guapa», mientras que Anaïs llevaba la de «intelectual». Un complejo de inferioridad que un matrimonio bien logrado no ha podido resolver. La cuestión de la belleza cuando hablamos de rivalidad, ya sea en el entorno profesional, en el ámbito familiar o en el sentimental, es de lo más notoria.

Otra historia de manzanas

En la *Ilíada*, de Homero (libro I), la hermosa nereida Tetis, al no encontrar marido entre los dioses, acepta contraer matrimonio con el mortal Peleo. Celebran su boda en el Olimpo e invitan a todos los dioses, excepto a Eris, diosa de la discordia. Para vengarse, Eris deja caer una manzana de oro en la mesa del banquete con estas palabras grabadas: «Para la más hermosa». Hera, Atenea y Afrodita se pelean de inmediato por la manzana y el título. Zeus encomienda a Paris, príncipe troyano, la tarea de designar a la ganadora. Se dice que, a cambio de la manzana, Hera le prometió riqueza y poder a Paris; Atenea, sabiduría y la victoria en la guerra. En cuanto a Afrodita, diosa del amor y de la belleza, le prometió la mujer más bella del mundo. Paris le ofreció la manzana a Afrodita y eligió la belleza. Luego raptó a la hermosa Helena, mujer de Menelao, y así fue como se desencadenó la guerra de Troya.

Eris era hija de la noche, madre del esfuerzo, del hambre, del dolor, de la mentira y del olvido. Le encantaba difundir rumores, provocar celos y peleas. Zeus la echó del Olimpo y la arrojó a la Tierra, donde ahora vive entre los hombres.

¿Las mujeres son eternas víctimas de la elección de Paris? ¿Se les juzga constantemente por su belleza? ¿Son las sucesoras de Hera, Atenea y Afrodita, que desean ser más hermosas que las demás? ¿O bien las hijas de Eris, que se sienten como pez en el agua entre rumores, chismes y celos, y viven obsesionadas con la comparación y la rivalidad? Hera, Atenea y Afrodita son, en cierto modo, las primeras diosas en «tirarse de las greñas». Encontraremos esta rivalidad en la Biblia y, más tarde, en toda la cultura popular.

La belleza es el terreno más abonado para la rivalidad entre mujeres. En su libro *Beautés imaginaires. Anthropologie du corps et de la parenté*,[18] el antropólogo y sociólogo Pierre-Joseph Laurent condena la tiranía de la «puesta en escena de la imagen más deseable de uno mismo». La belleza, al crear diferencias entre las personas, también crea rivalidades, sobre todo desde que la elección de pareja es libre.

Antes, las uniones eran arreglos concertados entre dos partes, dos familias, para evitar la dispersión de tierras o títulos, es decir, el empobrecimiento de la progenie. ¡Qué más daba la belleza con tal de que tuvieran rango, propiedades o dote! En Francia, a finales de la Edad Media, a la elección de los cónyuges de la nobleza se sumaban las exigencias patrimoniales: «El matrimonio es, sin lugar a dudas, una "alianza", en el sentido antropológico del término: sirve para crear vínculos y establecer pactos entre dos familias. Tanto si es útil, por los bienes materiales y la red de contactos que proporciona, como si es prestigioso, por su valor simbólico, responde a estrategias cuyo fin es aumentar el poder de cada linaje».[19]

Instagram como potenciador de rivalidad

Avancemos unos cuantos siglos y naveguemos por las redes sociales, donde la mayoría de las mujeres se observan y se juzgan. En diciembre de 2019, Charlie Danger, una joven videasta francesa famosa por divulgar ciencia e historia, dio una plática TEDx titulada «¿Por qué nunca te vas a sentir la más guapa?»,[20] que cuenta con más de un millón de visitas. Narra su malestar cuando después de haber pasado treinta largos minutos viendo fotos de una mujer preciosa en Instagram, se cuela un pensamiento: «¡Es mucho mejor que yo!». No conoce a la susodicha mujer ni comparte sus intereses, y admite tener una gran confianza en sí misma.

Charlie Danger intenta comprender esta reacción instintiva. Se fija en una decena de cuentas de Instagram, las de las mujeres «modelo» más seguidas en Francia. Constata que una gran mayoría de las suscriptoras son mujeres, mujeres que se observan y se comparan sin cesar. Y lo hacen a pesar de que este hábito merme su confianza en sí mismas, su autoestima e incluso las deprima. Un estudio de la RSPH[21] (Royal Society for Public Health) clasifica a Instagram como una de las aplicaciones más perjudiciales para la salud mental y el bienestar de la juventud.

¿Tenemos derecho a ser guapas?

En el Reino Unido, en 2018, se llevó a cabo una campaña contra las *grid girls*, esas chicas que llevan ropa con la marca de los patrocinadores durante las carreras de coches.[22] En Twitter, Rebecca Cooper, una de las azafatas perjudicadas, escribió: «Se ha producido lo inevitable: se han prohibido las azafatas en la F1. Es ridículo que mujeres que afirman "luchar por los derechos de las mujeres" digan lo que las demás deben o no deben hacer, y nos impidan hacer un trabajo que nos encanta y del que nos sentimos orgullosas. ¡Los excesos de lo políticamente correcto!».

Cuando se presta atención a los perfiles de las mujeres que se oponen a la presencia de las *grid girls*, vemos que se trata de mujeres mayores. El cuerpo, la edad y el poder son potentes motores de la rivalidad.

¿Es así como viven las mujeres? Educadas en la confianza, conscientes de su valía, preconizando la igualdad, esgrimiendo el feminismo y... ¿se encuentran comparándose a otras mujeres, sintiendo que compiten porque las demás son más jóvenes y más guapas que ellas?

Pese a todo, cabe recordar esta perogrullada: incluso antes de ser un criterio masculino, la belleza es, por definición, injusta y escurridiza. El mérito y el esfuerzo tienen poco que ver, porque es fruto de la lotería de la genética y del canon de la época. Es una injusticia de base sobre la que no tenemos ningún (o muy poco) control. Esta constatación no debería tener consecuencias si no se produjera en un entorno social de género, donde la mirada masculina es un factor determinante. Esta injusticia contribuye a abonar el terreno de la comparación y los celos. Basta con ver los concursos de belleza, donde las mujeres compiten entre ellas sin ningún tipo de escrúpulos, reducidas a su físico, mientras desfilan bajo la mirada de los hombres, la famosa *male gaze*.

¿QUÉ ES LA *MALE GAZE*?

Laura Mulvey, crítica y cineasta británica, militante del movimiento de liberación de las mujeres Women's Lib, ha teorizado el concepto de *male gaze* (mirada masculina) en su ensayo *Placer visual y cine narrativo*.[23] Mulvey defiende una tesis según la cual la mirada dominante en la cultura popular (cine, series, revistas, etcétera) es la del hombre heterosexual.

A esta mirada la acompaña de manera casi sistemática la cosificación de la mujer, de quien se destacan sus curvas y atributos. La mujer, por tanto, se sexualiza para satisfacer las fantasías masculinas. Laura Mulvey identifica dos formas de *male gaze* que reducen a la mujer a su cuerpo: el voyerismo (o el concepto freudiano de escopofilia) y el narcisismo.

Mélanie, mujer atlética de 35 años, describe su actitud casi pavloviana cuando acude a una fiesta.

«Me avergüenza admitirlo, pero lo primero que hago cuando voy a casa de mis amigos o a una entrevista de trabajo es echar un vistazo a las mujeres que están ahí. Los "más" y los "menos" se van turnando, en función de a quién mire: más guapa, menos tonificada, más sexi, menos guapa, más baja, mal vestida, vulgar...; las opiniones brotan en un cuarto de segundo mientras me sirvo algo de beber y evalúo mi propio aspecto. Cuando ya he establecido esta clasificación subjetiva, la habitación se convierte en el anfiteatro de mis demonios. Por un lado, están las mujeres que me incomodan porque parecen tener algo "más" que yo. Tal vez no las conozca bien, pero su belleza y su aspecto me bastan para perturbarme y ponerme celosa. Y, por el otro lado, están las restantes y hacia las que me dirijo, eso sí, sin dejar de mirar por el rabillo del ojo a las que me ponen nerviosa. En el fondo, no puedo dejar de pensar que ellas tienen más oportunidades, que para ellas es todo más fácil y que obtendrán algo más, algo a lo que yo no podré tener acceso: un chico, una vida de ensueño, quién sabe qué, pero algo "mejor".»

La mujer «guapa» encarna un ideal: representa lo que es deseable a los ojos de un hombre. Más adelante veremos los límites y las exigencias de la belleza, pero es obvio que ejerce un cierto poder, incluido el de la seducción. Precisamente esto es lo que la industria de la cosmética, de las dietas y de la cirugía plástica ha entendido y que incentiva a base de miles de millones mientras aviva el fuego de la competitividad en la belleza. Este fuego devastador arremete contra la confianza en una misma, contra la propia imagen y, como un reguero de pólvora, esparce un sentimiento de inseguridad en el corazón de las mujeres. Lejos de unirlas, las divide.

El engaño del culto a la belleza

La escritora Naomi Wolf, autora del libro *El mito de la belleza*,[24] cuenta cómo el tema de la belleza ha pasado de ser insignificante a tener un valor absoluto y ser imprescindible. Narra su propia experiencia, cuando con 15 años apenas cumplidos, un comentario de su mejor amiga, que puso cara de asco al ver una pantorrilla con vellos, le bastó para proferir este veredicto implacable: hay que depilarse sí o sí. El dolor de la depilación llevó a Wolf a emprender un camino de concienciación. Concluyó que, para estar guapas, le ponemos al dolor el disfraz de «cuidado del cuerpo», todo para consolarnos. Un auténtico engaño.

La autora comparte sus reflexiones con la finalidad de que las mujeres se den cuenta de que el culto a la belleza es una engañifa, un instrumento de opresión y reclusión que, a base de maquillaje y lentejuelas, les ha arrebatado deliberadamente el poder dentro de la sociedad. Condena el hecho de que la mujer de los años cincuenta, en cuanto se quitó el delantal para ir al trabajo, se dejó atrapar por las exigencias de la belleza. La jaula de la servidumbre y de los fogones se transformó en la jaula de oro de la apariencia física, una cortina de humo que iba acompañada del famoso mantra «Para presumir hay que sufrir». La gran preocupación por alcanzar la belleza perfecta dañó a las mujeres porque supuso una distracción de su consciencia.

> Cuando el valor social primario de la mujer ya no podía ser definido como el logro de la domesticidad virtuosa, el mito de la belleza lo redefinió como el logro de la belleza virtuosa. Así se hizo para crear un nuevo orden consumista y una nueva justificación para la injusticia económica en el lugar de trabajo, donde las antiguas habían perdido dominio sobre la mujer recién liberada.

RIVALIDAD ENTRE FEMINISTAS, ¿DE VERDAD?

Hay quien impone su definición de feminismo como si fuera una regla que no se puede contravenir y cuyo incumplimiento significa la excomulgación. Interseccional, consciente, ecológico, político... para algunas, el feminismo es una lucha en la que es preciso marcar todas las casillas. Es normal que en cualquier movimiento haya discrepancias, pero ¿no perjudica esto la causa de las mujeres? La periodista y escritora Giulia Foïs reaccionaba así a las cancelaciones de autoras en el Salón del Libro Feminista de París, a finales de 2021: «Creo que cuando nos disparamos entre nosotras, sobre todo nos disparamos en el pie».[25]

Hay muchos temas que levantan ampollas y que dividen a las feministas: la prostitución, el transactivismo, la religión, el lenguaje inclusivo, etcétera. Algunas son víctimas de acoso porque se atreven a hablar de ello o a tomar partido. Otras feministas tienden al victimismo —acusan a los hombres blancos de todos los males—, tema que divide a las feministas. De esto trata el libro de la columnista y escritora Tristane Banon, *La paix des sexes*.[26] La autora señala la «dictadura victimista» de las feministas radicales y se niega a ser sometida a un arresto domiciliario de víctimas. Quien interpuso una demanda contra el exministro de Economía francés Dominique Strauss-Kahn por agresión sexual en 2011, mucho antes del #MeToo, expresa su preocupación por «la tiranía de la mayoría»:

> Me piden que me calle, me acusan de traicionar, me reprochan que mi estatus me impide elegir el bando correcto. Me indican el bando correcto, me imponen el bando correcto. Pero el único bando que me parece conveniente es el de la razón.

Y, además, algunas prácticas plantean interrogantes: ¿se puede ser una militante feminista sin ser un ejemplo para otras mujeres? A finales de 2021, varias empresarias feministas, cuyos boletines de noticias y pódcast propugnaban una ideología y unos valores feministas, fueron acusadas de acoso, salarios irrisorios y métodos de dirección cuestionables en contra de otras mujeres. Y también de ganar dinero a costa de las mujeres.[27] Fue un buen golpe para la sororidad.

CUANDO LA RIVALIDAD SE CONVIERTE EN VIOLENCIA Y ODIO

¡Que levante la mano quien no haya comprado nunca una revista de chismes o quien nunca haya leído una en la estética o en la sala de espera del dentista! Hojear las páginas arrugadas de revistas como *Closer* o *Heat*, u *Hola*, *Quién* o *Vanidades* en México, supone satisfacer nuestro voyerismo. Nos alegramos de que algunas estrellas salgan mucho menos glamurosas que en sus fotos oficiales, de que una actriz haya subido unos kilos, de que una cantante tenga celulitis, en definitiva, de verlas humanas, como nosotras, e incluso peor. Esta es una experiencia que compartimos la mayoría de nosotras.

Se fotografía a las mujeres para resaltar todo lo que puede estropear su imagen perfecta. Sus defectos, señalados por flechas que llevan nuestra mirada hacia los kilos de más, o hacia su estado de embriaguez en compañía del amante de turno. Ver estas fotos es reconfortante, y no es un signo de celos o de competencia malsana entre las mujeres. Sin embargo, leer estas revistas y mirar estos clichés deja espacio a la calumnia y afianza aún más la concepción de que las mujeres no son solidarias.

La violencia de las palabras

Basta navegar por internet para darse cuenta del riesgo de banalizar y normalizar este fenómeno. Dista mucho de ser el único tipo de acoso que emponzoña el mundo virtual, pero lo que más sorprende es que los mensajes desconsiderados provienen de mujeres.

Cifras vergonzosas

En 2016, en el marco de una campaña en internet contra la misoginia, una empresa inglesa hizo un estudio y descubrió que palabras como «puta» y «zorra» se mencionaban tres mil veces al día (en el mundo anglosajón) y que en Twitter las usaban:

- un 38.7 % de los hombres
- y un 61.3 % de las mujeres.[28]

En sus insultos hacia otras mujeres, las mujeres usan el vocabulario de la sexualidad. En 2016 y en 2020, las campañas de Trump recibieron un apoyo electoral significativo por parte de mujeres, a pesar de que el candidato estadounidense empleaba palabras sexistas que reforzaban los estereotipos de género. Entonando a coro mensajes transmitidos de una generación a otra, numerosas electoras vieron legitimada su postura y le dedicaron palabras misóginas a la candidata demócrata Hillary Clinton. Esta última, que aspiraba al eslabón más alto del poder en su carrera hacia la Casa Blanca, encarnaba una ambición femenina admirable y poderosa. Sin embargo, da la impresión de que el esfuerzo invertido no se vio como una fuente de inspiración o de sororidad, sino más bien como una afrenta a algunas ideas conservadoras estadounidenses relativas al lugar tradicional de la mujer.

Este antagonismo entre mujeres, que puede ser considerado como un retroceso y una afrenta a los logros obtenidos con gran esfuerzo, recuerda a la lucha contra las feministas de la estadounidense Phyllis Schlafly en los años setenta. Schlafly consiguió agrupar a un movimiento de amas de casa para hacer campaña contra la igualdad de derechos de las mujeres e impedir que la ley se incluyera en la Constitución estadounidense. En 2020 este episodio de la vida política estadounidense se llevó a la gran pantalla con la película *Mrs. America*, protagonizada por Cate Blanchett, lo cual demuestra que estos vestigios de misoginia siguen estando de actualidad.

Plan International llevó a cabo un estudio con 14 000 chicas y mujeres jóvenes en 22 países,[29] desde Estados Unidos hasta Kenia, desde la India hasta Japón. Este estudio mostró que el 58 % de las chicas encuestadas habían sido víctimas de acoso en internet (tanto por parte de hombres como de mujeres), lo que incluye comentarios de carácter sexual, insultos, amenazas de violencia y acoso sexual. Las consecuencias de dicho acoso son especialmente perjudiciales para las adolescentes. El fenómeno empieza entre los 14 y los 16 años, una edad temprana y vulnerable en la que las chicas tienen el doble de probabilidades que los chicos de mostrar síntomas de depresión relacionados con su exposición en las redes sociales.[30] El 39 % de las mujeres de la generación Z son víctimas de *body shaming*, es decir, de comentarios denigrantes sobre su cuerpo. Aunque en las redes la aceptación del cuerpo es una tendencia al alza, los estragos del *body shaming* siguen siendo importantes. Y este acoso, una vez más, no es solo obra de los hombres.

Las redes sociales, en su complejidad y su forma de expresión difícilmente controlable, ponen al descubierto los celos enfermizos que surgen entre mujeres. Los chismes, que suelen atribuirse a ellas, y que el diccionario de la Real Academia Española define como «noticia verdadera o falsa, o comentario con que generalmente se pretende indisponer a unas personas con otras o se murmura de alguna», adoptan una dimensión viral y escalofriante.

Cuando la demostración del éxito suscita el odio

Cada día, los medios de comunicación dan titulares que parecen chistes malos. Son el reflejo de una tendencia que cuestiona nuestra inteligencia, nuestros valores morales y nuestra humanidad. Un artículo del periódico belga *Dernière Heure*[31] se titula así: «"Voy a chin*** su futuro, voy a esperar el momento oportuno": El Ministerio Fiscal quiere juzgar la violencia inaudita de seis acosadoras hacia una vendedora». Las seis jóvenes incriminadas son sospechosas de haberse puesto de acuerdo para insultar, acosar y amenazar a una séptima joven en las redes sociales. El infierno de la víctima duró ocho meses. ¿Su error? ¡Tener 5 000 seguidores en Facebook!

Tattle Life es una página web inglesa de comentarios creada en 2018. Por «comentarios» se entiende «rumores, chismes y descargas de odio». La web ha recibido muchas críticas por haber creado una plataforma «que permite a los usuarios, la mayoría mujeres, ocultarse tras perfiles falsos e intimidar a sus víctimas».[32] Tres treintañeras, dos de ellas empresarias y madres, vieron cómo sus vidas se convertían en una tragedia tras haber sido el blanco de Tattle Life. Se trata de mujeres que tienen mejor aspecto gracias a la cirugía estética y que lo asumen. La página web tiene por costumbre recopilar y compartir comentarios denigrantes de famosos de *realities* o del mundo del deporte, pero dio un paso más cuando empezó a meterse con ciudadanos normales. Estas tres jóvenes no son más que *influencers*, *instagramers* y *youtubers* comunes y corrientes.

Como ya se ha señalado en la introducción, hay una tendencia en auge de campañas de odio y acoso en internet contra las mujeres, que en su mayoría provienen —y ahí está el quid de la cuestión— de otras mujeres. Mujeres que se ocultan tras cuentas falsas para verter su veneno. Las críticas y las acusaciones lo abarcan todo: la maternidad («no merece ser madre»), la inteligencia, los méritos, el físico («tiene una mirada diabólica»). Una lista perfecta de basura.

Una de las víctimas resume: «Todas las personas que veo que son maltratadas en Tattle Life son mujeres que triunfan y que lo han conseguido solas. La única explicación que encuentro a sus estratagemas es que nuestros logros ponen de manifiesto sus fracasos». Y otra añade: «Hay muchos aspectos frustrantes en todo esto, no solo el hecho de que haya mala intención y falsedad en gran medida, sino sobre todo que sean mujeres quienes se dirigen a otras mujeres..., el modo en que nos juzgan, a pesar de que son madres».

Los *reality shows* tampoco se quedan atrás. En su último informe,[33] el Alto Consejo para la Igualdad considera que, en estos programas, existe una «cultura de la virilidad» con hombres «musculosos» y mujeres hipersexualizadas «que se considera que pueden gustar a los adversarios y así crear rivalidad».

La rivalidad y los celos son a veces mortíferos, en sentido literal. En marzo de 2021, Alisha, una adolescente de 14 años, sufrió acoso (se difundieron fotos suyas en ropa interior en las redes sociales) y luego fue asesinada por su exnovio y arrojada al Sena. Todo ello con la complicidad de su nueva novia (por cierto, una amiga de Alisha). Una historia que tiene como telón de fondo la rivalidad y los celos. «Sabemos que había rivalidad, lo del robo de fotos, la trifulca entre las dos chicas; el joven se queja también de que la chica hablaba mal de su padre fallecido. Hablamos de estas trivialidades», se lamentaba el fiscal de Pontoise.[34]

Otras historias similares de acoso entre adolescentes han ocupado aquí y allá la primera plana de los periódicos, y nos hacen dudar de la sensatez y la utilidad de las redes sociales. Hay descontrol, abusos y críticas vomitivas.

Y, sin embargo, es en estas mismas redes donde las mujeres pueden hacerse oír, volverse visibles y condenar la violencia que sufren cuando la justicia no es lo bastante rápida. «Acuden a las redes sociales para encontrar a esa persona que las escuche y que no encuentran en las estaciones de policía o en los juzgados», explica Laure Salmona, cofundadora de Feministas contra el Ciberacoso.[35] Y es bien conocida la importancia de las redes sociales en el fenómeno #MeToo.

BAJO EL MISMO TECHO

¿Qué hacer cuando tu rival vive en la misma casa que tú? ¿Cuando debes compartir tu marido con ella? *Mi carta más larga*, de Mariama Bâ,[36] o *Les Impatientes*,[37] de Djaïli Amadou Amal, son dos novelas que abordan el tema de la poligamia y, por consiguiente, de la rivalidad entre esposas.

Tras la muerte de su marido, Ramatoulaye, la protagonista de *Mi carta más larga*, escribe a su amiga Aïssatou, senegalesa como ella y también marcada por el segundo matrimonio de su marido. Aïssatou decide irse e instalarse en Estados Unidos, mientras que Ramatoulaye se queda en Senegal. En esta carta larga, narra su vida como mujer, sus recuerdos.

> Y pensar que amé apasionadamente a este hombre, y pensar que le dediqué treinta años de mi vida, y pensar que llevé en el vientre a sus doce hijos. Añadir una rival a mi vida no le bastó. Al querer a otra, mancilló su pasado moral y materialmente.

En *Les Impatientes*, descubrimos que la primera esposa debe acoger a la nueva y honrarla. Que las esposas comparten el lecho de su marido por turnos, una semana una, una semana la otra. Que la principal virtud de una esposa es la paciencia. Porque «una coesposa sigue siendo una coesposa, aunque sea amable y respetuosa. Una coesposa no es una amiga, y mucho menos una hermana. Las sonrisas de una coesposa no son más que mera hipocresía. Su amistad solo sirve para desarmarte con el fin de acabar contigo».

El *ballet* de la rivalidad está perfectamente orquestado.

> Todas estas mujeres van a mirarte de hito en hito. Te van a mirar con desprecio para percibir tu desesperación o tu hostilidad hacia ellas. Sin excepción, solo esperarán el momento en que desfallezcas. Todo se reducirá a ese instante. Basta con que muestres tu dolor para que ellas se burlen de ti. Basta con que flaquees un segundo para que tu coesposa tome la delantera para siempre jamás. ¡No hay peor enemigo para una mujer que otra mujer!

Djaïli Amadou Amal aclara al inicio de su novela que está basada en hechos reales. «No es una autobiografía, pero me he inspirado en mi vida, la de mi hermana, la de mis primas, en toda la sociedad.»[38]

En una India en plena transformación, subsisten dos familias muy tradicionalistas donde las mujeres son como Nora en *Casa de muñecas*, de Ibsen. Pasan de la casa de su padre a la de su marido. Y este es a menudo el punto de partida de una rivalidad tóxica con su suegra, que, sin embargo, tuvo que correr la misma suerte que ellas. En las novelas de Chetan Bhagat, asistimos al destino frustrado por la rivalidad de Radhika[39] o de

Ananya,[40] que su suegra critica delante de ella, aunque esta novela tiene un final feliz. Volveremos a hablar de la rivalidad familiar en el capítulo 3.

La situación actual de la misoginia podría ser paralizadora, dada la violencia de los hechos narrados. Sin embargo, esta violencia forma parte del tejido de la sociedad y, por eso, es fundamental entender cuáles son sus orígenes.

2

DE DÓNDE PROVIENE LA RIVALIDAD ENTRE LAS MUJERES

> La mayoría de las veces, lo que percibimos en una mujer como celos es rivalidad.
>
> ANATOLE FRANCE

Estamos en un restaurante con una de mis sobrinas y su mejor amiga; tienen 10 años. Amanda, mi sobrina, habla de una de las niñas de su clase y empieza a criticarla: «Es una imbécil, la odio». Le indico que la palabra es un poco fuerte y me empieza a explicar la rivalidad que hay en su escuela primaria. Por un lado, están las «populares», que son las niñas de las que todo el mundo quiere ser amigo. ¿Qué hace que sean populares? «Son guapas, delgadas y visten bien.» Y, por otro lado, las «imbéciles»; ¿significa eso que son feas y visten mal? «No necesariamente, tan solo no son simpáticas y hablan mal de todo el mundo.» Esta respuesta nos tranquiliza un poco. Les preguntamos desde cuándo sienten que compiten con las demás niñas. «Oh, desde los 8 años, más o menos.

Es cuando empezamos a ser conscientes de cómo nos ven los demás. Y luego también, por supuesto, competimos por los niños (*sic*).»

A los 10 años, ¿se puede odiar a otras niñas por un niño? ¿De verdad? En la primera infancia, las niñas tienden a unirse y viven su amistad como si fuera para toda la vida. No hay prejuicios sobre el cuerpo, la ropa o la popularidad. ¿Por qué se convierten en rivales? Y ¿cuándo empieza eso?

LA EXPLICACIÓN HISTÓRICA

La idea de que debemos deshacernos de las posibles competidoras está tan arraigada en nuestra psique y en los mensajes que difunde nuestra sociedad y nuestra cultura que ni siquiera percibimos lo violento y sumamente inmoral del asunto.

Condicionamiento desde la infancia

La lenta impregnación de estereotipos empieza muy pronto, con los cuentos y leyendas que alimentan el imaginario de nuestra infancia. «Espejito, espejito mágico, ¿quién es la más bella del reino?» Hemos crecido con la historia de Blancanieves, a quien su madrastra quiere asesinar porque amenaza con hacerle perder el título de belleza que ostenta. ¿Cómo podemos no integrar esta dimensión de rivalidad cuando forma parte de nuestra cultura de manera tan precoz? En cuanto a Cenicienta, sus hermanastras, tan feas como celosas de su belleza, quieren convertirla en una sirvienta para mantenerla a salvo de las miradas, sobre todo del príncipe. Sabemos cómo sigue la historia y la intervención providencial del hada madrina, que transforma los harapos en un vestido de fiesta, el zapato de cristal y la carroza... Estas historias han condicionado nuestros sueños y nuestra manera de imaginar el mundo, e incluso nuestra forma de hablar. ¿Acaso no se dice de dos chicas que se pelean que «se agarran de las greñas»? Tal vez sea porque cuando las mujeres pelean, se jalan el cabello...

Por suerte, las niñas de hoy en día cuentan con la experiencia de sus madres y pueden acceder a otras lecturas, donde se muestran mujeres rebeldes y protagonistas de todo tipo, y ya saben que pueden salvarse solas, sin necesidad de un príncipe azul.

Sin embargo, hemos interiorizado otros discursos sexistas que reproducimos a su vez, sin ser siquiera conscientes de ello. Por ejemplo, algunas palabras e insultos se reservan a las mujeres, como el término «histérica», que primero se usó al hablar de mujeres en el sentido de «quien presenta trastornos mentales», con respecto a la idea de que esta enfermedad, que se suponía que se localizaba en el útero, guardaba relación con los «arrebatos de erotismo morboso». El sentido se extendió después a los hombres, incluso antes de que el concepto pasara a ser «esencial en psiquiatría y en el psicoanálisis, a finales del siglo XIX».[1]

Esta «enfermedad del útero» justifica todas las medidas contra las mujeres, ya sea el exorcismo en la Edad Media o mantener alejadas a las mujeres de la vida política. Desde hace mucho tiempo, para desacreditar a las mujeres, se las trata de histéricas. Hillary Clinton pagó las consecuencias durante la campaña presidencial de 2016 en Estados Unidos, cuando padecía una neumonía. Del mismo modo, cuando se desató la polémica por la entrega del César a su marido (Polanski), Emmanuelle Seigner abandonó las redes sociales aduciendo que quienes tratan de mancillarlo mienten: «Son histéricas en busca de fama». ¡El colmo de la justificación! Los hombres tienen, pues, derecho a expresar su ira, lo entendemos sin problema, pero una mujer furiosa es una histérica.

Complicidad despiadada

En algunas culturas, a veces son las mujeres las que perpetran los rituales más crueles. En China, hasta principios del siglo XX, mantenían la práctica de romper los dedos y vendar los pies a las jóvenes para que fueran más atractivas y casaderas. En diversos países de África y Asia, son también las mujeres las que se encargan de la ablación del clítoris. Este rito de paso obligatorio afecta a más de 200 millones de mujeres en todo el mundo (Unicef, 2016).

> El sentimiento de compromiso social [...] es muy fuerte y difícilmente permite a las mujeres y a las niñas renunciar a la práctica. Incluso cuando son conscientes de las consecuencias, las familias suelen preferir conservar la práctica para no ser objeto de juicios morales y sanciones sociales.

No solo la niña que no se ha sometido a la mutilación genital puede sufrir exclusión social, sino que, además, la negativa de la familia a acatar la práctica puede afectar a su estatus social, de igual modo que cumplir con esta práctica supone la aprobación de la sociedad, suscita el respeto y la admiración, y mantiene el estatus social en la comunidad.[2]

Es complicado juzgar estas prácticas que nos parecen bárbaras sin tener en cuenta el contexto cultural local y por la vara de medir de nuestra propia cultura. También se puede entender que es difícil para las mujeres rebelarse contra el orden establecido. Corren el riesgo, en el mejor de los casos, de ser marginadas y, en el peor, de pagar con su vida la osadía de enfrentarse al sistema vigente. Urge proteger a estas mujeres mutiladas y a estas jóvenes casadas contra su voluntad con su violador, y ayudar a las mujeres cómplices del matrimonio concertado de sus hijas a superar su indefensión.

Basándose en las investigaciones de la socióloga australiana R. W. Connell, especialista en el concepto de «masculinidades», la autora Caroline New[3] intenta determinar quién es el responsable de estas prácticas. Las analistas feministas de las MGF (mutilaciones genitales femeninas) las describen como una respuesta a un interés masculino por controlar la sexualidad de las mujeres (M. Daly, *Gyn/Ecology: The Metaethics of Radical Feminism*, 1978). De este modo, el hombre se asegura de que su mujer es virgen y se mantiene «íntegra», y utiliza a las demás mujeres «como agentes al servicio de sus intereses (N. El Saadawi, *The Hidden Face of Eve: Women in the*

Arab World, 1980). El hecho de que sean mujeres las que sostienen el bisturí es un indicador de la existencia de la opresión femenina a un nivel aún más perverso. Pero ¿pueden inferirse los intereses masculinos de forma tan simplista de las estructuras de poder existentes? Cada vez con mayor frecuencia, oímos a hombres cuyas mujeres han sido mutiladas quejarse [...] de su falta de entusiasmo e interés por la sexualidad, y en los grupos que se oponen a las MGF se encuentran tanto hombres como mujeres [...]. Sin embargo, las mujeres tienen asimismo un interés conservador en mantener este orden familiar y bien conocido en el que al menos se satisfacen algunas de sus necesidades y en el que ellas han construido, por las circunstancias, su identidad personal».

Por supuesto, es difícil que estas mujeres renuncien a todo lo que las ha construido, que se planteen la resistencia a las leyes que suelen promulgar los hombres, a sus decisiones colectivas de las que ellas no forman parte.

Entre las mujeres en edad fértil, la reducción de la «oferta» sexual aumenta el poder de negociación de las mujeres en las relaciones. Por lo tanto, a las mujeres les conviene imponer el conservadurismo sexual, incluso a costa de la marginación y de la manipulación de otras mujeres consideradas permisivas. Siguiendo la misma lógica, se insta a las madres y las abuelas a procurar que sus hijas (que llevan sus genes) lleguen a ser muy atractivas para los hombres, incluso si eso significa provocarles sufrimientos y mutilaciones tempranos.[4]

El harén, de la fantasía a la cárcel

La violencia de las mujeres hacia otras mujeres y a veces hacia sus propias hijas se inscribe en la lógica del patriarcado y del sexismo integrados. Suele ser propia del instinto de supervivencia, una respuesta a la pregunta «¿cómo puedo existir en un grupo cuando no soy la única mujer?».

Uno de los lugares por excelencia que une a las mujeres y que durante mucho tiempo ha alimentado las fantasías occidentales es el harén, que en árabe significa 'el lugar prohibido' (a los hombres, se sobrentiende). Hermosas odaliscas que languidecen en cámaras secretas, sibaritas bebiendo té, fumando en narguile y tocando música mientras esperan que el rey o el sultán las designen como su favorita... estas son las representaciones que han inspirado a numerosos pintores del siglo XIX. También es el lugar de los secretos, las intrigas y las luchas por el poder, y precisamente por eso es un terreno muy propicio para la rivalidad.

En un libro de 1866, Olympe Audouard imagina la rivalidad en el corazón del serrallo:

> ¡Esta noche vendrá mi amado! Quiero reír y beber con él hasta mañana. ¡Oh! Voy a ponerme guapa, quiero que enloquezca; quiero que mi rival se empape de lágrimas. ¡Me ha hecho derramarlas tantas veces...! ¡Ah! Es su turno..., sufrirás. Arderá tu corazón por el fuego de los celos; pero yo me reiré, me embriagaré de vida y placer, estará bajo mi hechizo, te olvidará. Sí, te olvidará.[5]

Para hacernos una idea de cómo podía ser esta institución, en el palacio de Topkapi, residencia del sultán de Estambul, había, además de las esposas oficiales, cuatrocientas esclavas. Los hijos de las concubinas esclavas no tenían derecho a su parte de la herencia. Pero, poco a poco, algunas de estas concubinas lograron obtener el estatus de favorita y hacer valer sus derechos para con los herederos. Este será el caso, por ejemplo, de Roxelana, esclava ucraniana de Solimán el Magnífico. Su influencia sobre este hombre, uno de los más poderosos del siglo XVI, fue determinante. Liberada en 1534, se convirtió en su esposa oficial.[6] Esto significa que la carrera por el poder y la eliminación de los aspirantes a la sucesión debió fomentar todo tipo de conspiraciones.

Se educaba a las mujeres del harén, lo que en la época significaba que aprendían los principios del islam, bordado, danza, canto y retórica. Sin embargo, este lugar de reclusión simbólica era también una prisión, un lugar cerrado donde las mujeres estaban sometidas a los deseos de un solo hombre y amo.[7]

En el harén, el grupo actúa como agente opresor de las mujeres. La esclavitud ha marcado la historia de la humanidad desde la Antigüedad hasta nuestros días. A veces, atrapadas en una relación de dominio y movidas por las ansias de sobrevivir, en lugar de unirse, algunas esclavas hacían uso de la violencia contra sus semejantes. Esta actitud era fruto de un sesgo inconsciente, que las hacía parecerse más al grupo dominante que al resto de las dominadas. Por lo tanto, podemos suponer que el fin del dominio hará que la rivalidad desaparezca. Esta es la tesis de Jeanette Ehrmann y Felix Trautmann:

> La violencia del oprimido es una violencia en respuesta a aquello que pretende negar su ser, es la modalidad misma de la praxis de la liberación. [...] La relación entre libertad y violencia se manifiesta en tres dimensiones: por un lado, en forma de liberación de un dominio estructuralmente violento, por otro lado, en la naturaleza violenta de esta liberación, y, por último, en la liberación del «yo» oprimido y la reinvención de las relaciones sociales entre las personas liberadas de esta violencia.[8]

Las favoritas

Al igual que los sultanes en su harén, los reyes en la corte elegían por turno una amante, conocida como la «favorita». Para ostentar este título, las mujeres recurrían a toda clase de traiciones, manipulaciones e intrigas con el fin de deshacerse de sus rivales. La pionera fue, sin ninguna duda, Agnès Sorel, la primera favorita de Carlos VII. Ella se atrevió a mostrar sus atributos con vestidos escotados y que dejaban los hombros al descubierto, y todas las mujeres de la corte querían rivalizar en elegancia con ella. La desdichada murió envenenada con mercurio. Los expertos atribuyen el asesinato a Jacques Cœur, a Luis XI e incluso a la prima hermana de Agnès, Antoinette de Maignelais, que la sustituyó tres meses después en el lecho real.[9] A menudo, las reinas de la belleza son rivales perfectas.

En Chenonceau había una enorme rivalidad entre la reina Catalina de Médici, esposa de Enrique II, y Diana de Poitiers, favorita de su marido y que tenía diecinueve años más que el rey. Catalina estaba llena de odio: «Ninguna mujer que ame a su marido podría amar a su puta».[10]

En la corte de Luis XIV, la rivalidad tampoco se quedaba atrás.

> La propia marquesa de Montespan había presentado a la viuda de Scarron a la corte de Luis XIV. Jamás se habría imaginado que pudiera existir una rivalidad entre ella y la institutriz, ya que la señora Scarron tenía seis años más que la marquesa, una edad en la que los años ya cuentan.[11]

Y entonces Montespan se vio sustituida por Scarron, quien más tarde recibiría el título de marquesa de Maintenon: «La señora Montespan no podía considerar como una rival peligrosa a una mujer de 45 años aburrida y apenada por el recuerdo de Ninon de Lenclos. La marquesa de Montespan se equivocaba».[12] La señora Maintenon acabó casándose con su amante, Luis XIV, después de haber sido la institutriz de sus hijos...

Posteriormente, Louise-Julie de Mailly, quien era la favorita de Luis XV, fue «destronada» por su hermana pequeña, Pauline-Félicité, que no dudó en urdir intrigas para ocupar su lugar. El rey repartió su tiempo entre ambas hermanas antes de elegir a Pauline como favorita oficial. Cuando la joven murió después de haberle dado un hijo, él volvió, por supuesto, con la hermana mayor. Luego hubo otras mujeres hasta llegar a la famosa Madame de Pompadour —su apellido de nacimiento era Poisson—, que fue una de las principales rivales de

Marie Leszczynska, esposa del rey Luis XV. Pompadour comprendió que sus encantos no bastarían para conquistar al rey y recurrió al ingenio.

En la película *La favorita*,[13] dos mujeres compiten por los favores de una reina y urden estratagemas desmedidas y complejas para sobrevivir y satisfacer sus ambiciones. Las favoritas, en Francia y en otros lugares, vivían inmersas en los celos y la rivalidad, eran objetos decorativos o confidentes y estaban sometidas a la buena voluntad de los reyes, que se divertían con sus pequeñas guerras internas y algunas veces se preocupaban por su bienestar, que garantizaban por medio de títulos, propiedades y dinero.

«No es culpa mía»

En la novela epistolar *Las amistades peligrosas*,[14] dos libertinos que dominan la manipulación se plantean retos execrables. En uno de sus juegos perversos, el vizconde de Valmont debe seducir a madame de Tourvel, una mujer virtuosa. Pero se enamora, y la marquesa de Merteuil enloquece de celos. No puede soportar sentirse relegada a un segundo plano y hace todo lo posible para acabar con su rival empleando los métodos más crueles. La marquesa insta a Valmont a que rompa con madame de Tourvel y le da un ultimátum. No se trata tanto de conquistar a Valmont como de hacerlos sufrir, a él y a madame de Tourvel. La marquesa escribe una carta empapando su pluma en el veneno mortal de los celos:

> [...] Pero lo que he dicho, y lo que he pensado y pienso todavía, es que vmd no deja por eso de profesar amor á su presidenta; no ciertamente un amor muy puro, ni muy tierno, sino aquel que puede vmd tener; aquel, por egemplo, de hallar en una muger las gracias ó calidades que no tiene; que la coloca en una clase separada, y pone á las otras en segundo orden, que hace que esté vmd apegado á ella, aun cuando la ultraja; tal en fin como pudiera tener un sultán por su favorita, que no le impide preferir muchas veces á una simple odalisca.[15]

El miedo a la escasez

El miedo a tener que compartir cuando solo hay un soberano para satisfacer a todas las mujeres atañe a la «mentalidad de escasez», concepto desarrollado por el autor y ponente estadounidense Stephen R. Covey.[16] Ver el mundo fijándonos solamente en la escasez de recursos equivale a pensar que todo está limitado. Por consiguiente, quien se sirve su parte priva a los demás del resto del pastel. Este sesgo cognitivo y la angustia que implica planean de manera implícita en las mujeres. Condicionadas por siglos de patriarcado donde los cometidos reservados a ellas eran sumamente limitados, aun cuando el progreso ha cambiado las cosas, las mujeres siempre experimentan temor a la escasez.

Este tipo de mensajes se siguen difundiendo de forma implícita en la psique de las mujeres. Creen que no hay suficientes oportunidades de trabajo, que no hay bastantes hombres a los que conocer y con los que casarse, que no tienen suficiente dinero... En definitiva, todo se ve bajo el prisma de la limitación y de la cantidad reducida, como si el éxito y la abundancia no estuvieran al mismo alcance de los hombres y de las mujeres. Uno de los puntos neurálgicos de esta mentalidad atañe a la seguridad económica, o más bien a la inseguridad, que muchas mujeres continúan padeciendo. El fantasma de la angustia económica, transmitido de generación en generación, aún persigue a las mujeres y refuerza la convicción limitadora del «nunca es suficiente», de la escasez y del miedo que esta suscita. A menudo, este miedo se traduce, de manera indirecta, en la comparación, los celos y, por tanto, en una rivalidad que enfrenta a las mujeres entre ellas.

Como explica Covey, todo es cuestión de percepción. Para evitar la competencia justificada por el miedo y, en cambio, optar por la colaboración, bastaría con adoptar la mentalidad opuesta, es decir, la de la abundancia: la idea de que hay suficientes recursos para todos. Sería necesario, por tanto, un cambio de paradigma: «Los paradigmas son poderosos, ya que crean la lente a través de la cual vemos el mundo. Si quieres pequeños cambios en tu vida, trabaja en tu actitud. Pero, si quieres cambios importantes, más grandes, trabaja en tu paradigma».[17]

LA EXPLICACIÓN BIOLÓGICA

Para remontarnos aún más en el tiempo, pensemos en la prehistoria, como hacen los psicólogos evolucionistas. La psicología evolucionista se basa en la idea de que nuestras características físicas son el resultado de millones de años de evolución, sometida a los mecanismos de la selección natural y sexual. Por ejemplo, en las zonas tropicales, los hombres cuya piel producía más melanina sobrevivieron mejor porque estaban más adaptados a la fuerte radiación solar.

De igual forma, la evolución ha seleccionado nuestro comportamiento y nuestras características psicológicas; el cerebro, como otros órganos, se ha desarrollado en función de las limitaciones de su entorno. El miedo a la oscuridad, al vacío, a las tormentas, a las arañas o a las serpientes es una emoción sumamente útil que, en la sabana que habitábamos al principio de los tiempos, nos protegía del peligro y nos mantenía con vida. Para simplificar al máximo, quienes no tenían miedo morían más jóvenes y en mayor número hace cientos de miles de años. Quien conservaba la vida era quien tenía ventaja en términos de supervivencia o de reproducción.

Sabiendo esto, ¿es posible que las mujeres que veían al resto como rivales tuvieran una ventaja selectiva? Hemos planteado la pregunta a Peggy Sastre, doctora en Filosofía de la Ciencia, periodista científica, ensayista, traductora y bloguera francesa. Sus trabajos se basan en la psicología evolucionista y sobre todo en la idea de que «existe una competencia femenina que se observa a muy temprana edad. Las niñas son más propensas a aliarse dos contra una, mientras que los niños contemplan la competencia de forma mucho más individualista; es un poco uno contra todos y que gane el mejor».

Como escribe Sastre en *La Haine orpheline*:[18]

> La competencia intrasexual es una adaptación comportamental básica en las especies sexuadas; resulta muy eficaz para apropiarse y monopolizar los recursos necesarios para la reproducción; dicho de otro modo, para seducir... [...] En la competencia intrasexual se da prioridad a los atributos y las características ventajosos, no para las propias estrategias sexuales, sino para las del sexo opuesto. La competencia intrasexual masculina se materializa así en los atributos deseables para las mujeres —la fuerza, la protección, los recursos—, mientras que la femenina gira en torno a los atributos que desean los varones —la belleza, la juventud, la fertilidad, el pudor, la fidelidad, etcétera—. Traducción real: los hombres se buscan las cosquillas entre ellos para aparentar ser los más fuertes (robustos, ricos, etcétera) a los ojos de las mujeres y, en las mujeres, se da un fenómeno simétrico que se basa en «lo que los hombres quieren».

El motivo de la rivalidad es, por lo tanto, reproductivo. Con el embarazo y la lactancia, la carga de la mujer es cien veces más pesada que la del hombre debido a la diferencia de entrega de los padres. Es verdad que si lo comparamos con las demás especies, la implicación del padre en la especie humana es mucho mayor. Pero esto no quita que la selección intrasexual, es decir, la rivalidad entre miembros de un mismo sexo para acceder a los recursos y las oportunidades reproductivas, siga siendo la norma.

No todos los investigadores coinciden con esta lectura de la rivalidad intrasexual. La idea de que las mujeres estén programadas genéticamente, por millones de años de evolución, para rivalizar entre ellas y atraer la atención de los hombres es bastante desagradable, incluso penosa. Cabe enfatizar que, según las publicaciones científicas, no se trata en ningún caso de determinismo biológico, sino de una tendencia que tiene lugar a lo largo de la selección. Esto no significa en modo alguno que aprobemos este planteamiento y que no podamos hacer nada al respecto. No solo no hay nada automático (no todas las mujeres tienen una relación de rivalidad), sino que tener en cuenta estos datos evolutivos nos invita aún más a cuestionar la naturaleza de las relaciones entre mujeres.

La agresión indirecta

En la competencia intrasexual, las mujeres emplean más comúnmente la agresión indirecta. A diferencia de la agresión directa, que pasa por un conflicto físico o verbal, la agresión indirecta utiliza estrategias de elusión: se pone a los demás en contra de la persona a la que se quiere destruir, se hacen correr rumores, se le ridiculiza y se le excluye del grupo. Y así empieza todo.

Un estudio efectuado en jóvenes de 15 años muestra que el 52 % de las chicas usan la agresión indirecta frente al 20 % de los chicos.[19]

En otra investigación de 2013,[20] la profesora Tracy Vaillancourt, catedrática de Salud Mental y Prevención de la Violencia Infantil de la Universidad de Ottawa, analizó la agresión indirecta entre las mujeres y observó cierta tendencia a criticar el aspecto de una competidora o a difundir rumores sobre su actividad amorosa o sexual, sobre todo cuando se trata de mujeres atractivas o sexualmente disponibles. Según ella, la agresión indirecta es una estrategia muy eficaz de competencia intrasexual. Añade que, en el lugar de trabajo, las mujeres suelen discriminar a las candidatas, en especial a las que son atractivas.[21]

Pese a eso, ¿debemos estar de acuerdo con la afirmación de que las mujeres emplean el complot, la hipocresía y la mezquindad para conseguir sus propósitos? «Desde los inicios del feminismo —añade Peggy Sastre—, hay una vertiente andrófoba que usa ampliamente la agresión indirecta. Es una estrategia femenina que a mí no me gusta. Atacar discretamente y destruir a los demás con rumores es el arma del débil. Es cierto que se trata de una estrategia eficaz, ya que, en promedio, no tenemos la fuerza de los hombres, por lo que los chismes son muy provechosos: los riesgos son mínimos y los estragos que pueden causar son máximos. Hay una viñeta que me gusta mucho: en un lado, hay dos hombres y llega un tipo que dice "Hola, imbécil" y luego les choca los cinco. En el otro lado, hay la misma escena con tres mujeres; "¿Estás bien, cariño?", pregunta una y, en cuanto se va, comenta "¡Pero qué perra!".»

Belleza, delgadez y juventud: la santísima trinidad de la rivalidad

Tracy Vaillancourt llevó a cabo un experimento con cuarenta mujeres junto con otra investigadora, Aanchal Sharma. La idea era dividirlas en dos grupos. Ante el primer grupo, una joven ayudante de investigación se presentó vestida con jeans y camiseta. Delante del segundo grupo, llevaba minifalda y un top ajustado. ¿Qué ocurrió cuando la ayudante salió de la habitación? En el primer grupo, nada en especial. En cambio, en el segundo grupo, que la había visto vestida de forma sexi, todas la criticaron por su aspecto.

Parece que cuando tienen una reunión de negocios con una mujer, las mujeres tienden a dejar de lado su atractivo: visten con más sobriedad, quieren que las juzguen solo por sus capacidades y no que las «boicoteen» porque son sexis y podrían ser una posible rival.[22] Cuesta hablar de ello y reconocerlo, pero, en cuanto se ahonda un poco, se obtienen numerosas pruebas en este sentido. Sobre todo cuando se trata de mujeres jóvenes y guapas.

¿Por qué la belleza juega un papel fundamental en esta rivalidad? ¿Por qué la base de la seducción sexual es un criterio de elección masculino? En el caso de los hombres, las mujeres tienden a valorar la fuerza y la riqueza. Una vez más, hay que retomar la perspectiva de nuestros ancestros muy muy lejanos y de millones de años de evolución. René Zayan, profesor de Etología de la Universidad de Lovaina, cuenta:

> Para simplificar, las mujeres eligen a hombres dotados de recursos suficientes para garantizar la viabilidad (*fitness*) de la progenie; los hombres eligen a mujeres cuya juventud y salud aseguran que engendrarán una progenie viable. Lo entendemos; según la psicología evolutiva los seres humanos eligen buenas parejas basándose en las ca-

racterísticas corporales que maximizan la reproducción. [...] Los hombres poseen indicadores de niveles altos de testosterona (fuerza física, pero también dominio o estatus social, que se asocian a más recursos). Las mujeres tienen indicadores fiables de fecundidad que las hacen más atractivas, como es el caso de la belleza, que Gouillou define como «la publicidad exterior de una persona sobre sus capacidades reproductivas». Por tanto, un rostro simétrico o la proporción entre las caderas y la cintura son criterios de belleza asociados a unos buenos genes para crear y criar una progenie viable.[23]

Pero ojo, la belleza no es el único criterio. También entran en juego la seducción, la atracción y el carisma.

En las investigaciones de psicología evolutiva, algunos autores confunden belleza con atracción. Hay rostros que pueden ser atractivos por la expresividad de la mirada o por su sonrisa pegadiza (elevación de las cejas, dilatación de las pupilas, parpadeo de los ojos, patas de gallo). Algunos rostros pueden gustar sin que presenten una morfología de belleza facial; por ejemplo, dos perfiles muy diferentes pero complementarios, una combinación de rasgos infantiles y rasgos de madurez, o una mezcla de rasgos femeninos y masculinos (un cierto grado de androginia facial atrae). A la inversa, los rostros hermosos pero poco expresivos no se consideran atractivos.[24]

A menudo, el cuerpo ocupa un lugar central en las preocupaciones de las mujeres. La psicóloga evolucionista estadounidense Linda Mealey planteó que los trastornos de la alimentación derivan directamente de la competencia entre las mujeres, pero también que el culto a la delgadez era cosa de las mujeres, no de los hombres.[25] Las mujeres son, por tanto, las primeras en juzgarse por su aspecto.

La cantante Adele, que ha perdido mucho peso, manifiesta: «Mi cuerpo ha sido cosificado durante toda mi carrera. No solo ahora. Entiendo por qué es chocante. Entiendo por qué algunas mujeres se han sentido heridas. Físicamente, representaba a muchas mujeres. Pero sigo siendo la misma persona». ¿Lo peor de todo esto? «Las palabras más crueles con respecto a mi cuerpo fueron las de otras mujeres. Me decepcionó muchísimo. Me dolió.»[26]

Caroline Roux, curtida periodista política, dirige una serie de documentales para France 5 y ha logrado un gran éxito con su programa *C dans l'air*, que emite la misma cadena. Resulta que, además, le encanta la moda. Durante la entrevista que le hizo Florence Sandis[27] en média-Club'Elles,[28] reveló que suele recibir críticas sobre su ropa y su peinado: «Te crees que estás en un desfile de moda», «¿Es un programa político o un concurso de belleza?»..., y estas críticas provienen casi siempre de mujeres.

> El mito según el cual el objetivo de toda existencia femenina es conseguir el amor de un hombre tiene como corolario el de la rivalidad entre las mujeres con miras a adquirir este raro privilegio, este último mito cuya función es garantizar la conservación del poder masculino, según la estrategia del divide y vencerás. Belcolore apuñala a Dei-

damia en *La Coupe et les Lèvres*;[29] Victoria, abandonada por don Juan de Maraña, mata a Carolina, su rival;[30] los celos de Matilde se exaltan «hasta la perdición» cuando se entera de que Madame de Rénal visita dos veces al día a Julien en la prisión.[31] En *Deux Amours et deux Cercueils*,[32] una obra inédita, probablemente de 1835, la esposa del duque de Armans muere víctima de los celos de su rival, la amante de su marido, que «le puso arsénico en la leche todos los días». Mazza, la protagonista de *Pasión y virtud*,[33] presa de la pasión amorosa, odia a todas las mujeres, «las jóvenes y las hermosas sobre todo», porque para ella simbolizan posibles rivales...[34]

La lista es infinita, y no se trata solo de las novelas de los últimos siglos. Las posibles rivales son necesariamente más jóvenes, más delgadas, más guapas y más capaces de gustar a los hombres.

Una tendencia no es un determinismo

Aun cuando nuestras imperfecciones se explican por motivos biológicos y reproductivos, lo cierto es que la rivalidad no es inevitable y podemos influir en nuestro comportamiento. Una vez más, esta herencia resalta una tendencia, no un determinismo. Ser conscientes de este patrón es el primer paso para liberarse de él.

Dejemos la tarea de explicárnoslo a Peggy Sastre.

Existen estereotipos perjudiciales, pero no provienen de la nada, sino que se han formado sobre una base biológica comportamental. En pocas palabras, la competencia en los hombres hace que quieran superarse. Cuando piensan que otro es más guapo, más rico, etcétera, emplean más energía en mejorar. En las mujeres, la competencia no es tan sana. Pensamientos como «ella es más guapa que yo, ella tiene más belleza interior que yo» resultan deprimentes y los efectos son más destructivos; numerosas investigaciones muestran que son principalmente las jóvenes quienes los sufren, sobre todo debido a la influencia de las redes sociales. Es preciso ser conscientes de estos mecanismos, entender cómo funcionan y por qué hemos sido seleccionados por la evolución para, después, poder desbaratarlos. Si bien muchas feministas arremeten contra mí, solemos coincidir en las conclusiones, aunque no en el diagnóstico.

LA EXPLICACIÓN PSICOLÓGICA

El complejo de Electra

Todo el mundo conoce el famoso «complejo de Edipo», acuñado por el padre del psicoanálisis. Freud empezó a teorizarlo en 1897, inspirado por el *Edipo rey* de Sófocles, tragedia en la que el destino lleva a un hijo a matar a su padre y a casarse con su madre. Por decirlo en pocas palabras, durante la primera infancia el niño «desea» a su madre y ve a su padre como un rival. Se trata de una etapa «normal» del desarrollo psicoafectivo del niño.

Doce años más tarde, Carl Gustav Jung quiso encontrar una contrapartida al complejo de Edipo que se aplicara a las niñas, y se basó también en la mitología griega, esta vez en el personaje de Electra. Hija de Clitemnestra y de Agamenón, Electra decide, con su hermano, vengar la muerte de su padre y organiza el asesinato de su propia madre. Se trata de una metáfora ideal para simbolizar el vínculo de apego de las niñas con su padre y la rivalidad que surge, en consecuencia, con su madre.

Freud se negó a aceptar el complejo de Electra, que no ha sido tan famoso como el complejo de Edipo. En la actualidad, estos conceptos tienen más de un siglo y han sido echados por tierra por el psicoanálisis y la psicología modernos. Sin embargo, aquí y allá encontramos reminiscencias de estas tragedias antiguas, y el «deseo del pene» en la mujer o su «complejo de castración» resurgen a veces para explicar las relaciones hombres-mujeres. No podemos pasar por alto estas tesis que son difíciles de cambiar, pero debemos precisar que, en aquellos otros tiempos (y otras costumbres), no se hizo caso alguno a la homosexualidad y que estas tesis son, a lo sumo, incompletas.

Si no hemos resuelto nuestro complejo de Electra, ¿estamos condicionadas para rivalizar con las demás mujeres? Esta es la tesis desarrollada por la psiquiatra y psicoanalista Marie Lion-Julin:[35]

> Algunas mujeres son reacias a competir con su madre y han optado por no luchar, incluso a costa de no hacerse valer. Posteriormente, esta resignación se reaviva en situaciones de competencia en las que se evitan los conflictos, se percibe a las demás mujeres como una amenaza y se reconecta con la vulnerabilidad de la adolescencia.

En el siguiente capítulo volveremos sobre esta teoría ampliamente respaldada.

Un mal endémico: la falta de confianza en una misma

Dedicamos nuestro anterior libro a la falta de confianza que, con frecuencia, sienten las mujeres.[36]

Herederas de una historia marcada por el dominio masculino, productos de una sociedad que valora más su cuerpo que su mente, condicionadas por las exigencias de ser jóvenes, delgadas, hermosas y eficientes, penalizadas por sus elecciones y su comportamiento profesional debido a una carga mental que ya no tiene que demostrarse —cuando no están penalizadas por su carga emocional—, las mujeres pierden confianza, tratan de moverse entre mandatos contradictorios y se pasan el rato comparándose. Según un estudio publicado por la Universidad de Cornell en 2018, los hombres sobrestiman sus capacidades y su rendimiento, mientras que las mujeres los subestiman.

Los hombres, al ser conscientes de su valía —y sufrir menos de falta de confianza en ellos mismos—, ven la competencia como un incentivo para superarse. En cambio, para muchas mujeres que viven con el miedo en el cuerpo a ser desenmascaradas porque creen que no merecen lo que les pasa, la competencia se vive con más intensidad si cabe. Las demás mujeres son mejores, más inteligentes, más carismáticas, más esto, más aquello. Y cuando consiguen llegar a la cima, tienen la sensación de haber hecho tantos esfuerzos y sacrificios que se muestran más severas que solidarias con las demás mujeres.

En un ambiente masculino, a menudo las mujeres tratan de integrarse adoptando los códigos del entorno. Pero ¿por qué se estigmatiza la rivalidad entre las mujeres en el trabajo cuando se percibe como sana y normal entre los hombres?

La imposición de la amabilidad

Como vimos antes, se espera de las mujeres sean amables con las demás mujeres. La amabilidad, la gentileza, la sutileza y la empatía son cualidades consideradas «femeninas». La agresividad, la lucha y la ambición no forman parte del repertorio. Asimismo, hay que ocultar estas características si las observamos en nosotras mismas, pues no es propio de una mujer que le guste el poder y el conflicto.

De ahí la forma insidiosa, y a veces incluso inconsciente por ser inconfesable, que adopta la rivalidad intrasexual. La discreción se considera de buena educación en las mujeres, aunque estén furiosas. La confrontación directa puede verse como una forma de locura o de mal gusto, y aleja de los cánones de la femineidad a quien se entrega a ella. Entonces ¿cómo podemos asumir que sentimos rivalidad con otra mujer sin que sea vergonzoso?

El deseo mimético

«Estamos inmersos en el mimetismo y tenemos que renunciar a los engaños de nuestro deseo, que siempre es desear lo que tiene el otro.»[37] Al teorizar sobre el deseo mimético como una relación entre dos personas deseosas y un objeto de deseo, René Girard redujo la rivalidad a un fenómeno de imitación que puede ser sano —una emulación y ganas de crecer (por ejemplo, obteniendo los mismos títulos que el otro)— o, en última instancia, que puede volverse violento: «La rivalidad por el objeto deja paso a la rivalidad a secas; ya no es un deseo de posesión lo que los anima, sino un deseo de destrucción y, como los hijos de Edipo, Etéocles y Polinices, tienden a matarse entre ellos».[38]

Este deseo mimético por lo que el otro posee no es propio de un género, se trata de una distorsión social que se expresa con frecuencia en nuestra sociedad de consumo. Sin embargo, el fenómeno es aún más extendido cuando se trata de mujeres, ya que hay muchas oportunidades para el deseo.

Un anuncio de televisión sobre ventas privadas de ropa muestra a dos amigas. Una le pregunta a la otra si las ventas valen la pena. Su amiga le contesta que no, que las marcas no son nada del otro mundo y que los precios son altos. El eslogan final es: «Buena cliente, mala amiga». Este mito tiene más vidas que un gato: nos cuidamos mucho de no dar recomendaciones.

Pasivo-agresivas

Las imposiciones del patriarcado y del sexismo han encasillado a la mujer en un papel. La han enseñado a callar, a no expresar de forma abierta la agresividad, la competencia y los celos, y a no arremeter contra alguien de manera frontal. Ante un hombre, la mujer pone en riesgo su estatus femenino y, ante una mujer, se arriesga a destruir un universo íntimo en el que encuentra consuelo emocional.

Se emplean estrategias defensivas emocionales en el terreno de lo que los psicólogos llaman «pasivo-agresivo». Las mujeres son las vencedoras en todas las categorías del comportamiento pasivo-agresivo. Es decir, de adoptar una actitud de resistencia u oposición que se hace visible de manera indirecta: poner cara larga, fingir que olvidamos esto o aquello, quejarse de ser unas incomprendidas, despreciadas o maltratadas y atacar indirectamente propagando rumores.

Eva, 22 años, estudiante de Biología, trabaja como dependienta en una tienda de moda unas horas a la semana.

«He trabajado en varias tiendas y siempre ha estado bien, hasta este verano. Una de las dependientas ponía los ojos en blanco cuando yo recibía a los clientes y movía la ropa que yo acababa de ordenar, suspirando. Le pregunté varias veces qué le pasaba, pero siempre me contestaba que me lo estaba imaginando, que yo era rara. De vez en cuando, tomábamos un café juntas durante la hora del almuerzo y ella era muy simpática, podíamos hablar de todo. Pero en cuanto volvíamos a la tienda, ella ponía de nuevo los ojos en blanco y suspiraba, y me seguía sistemáticamente. Entonces le preguntaba: "¿Qué es lo que te molesta tanto?". Y me respondía: "¿Qué? No dije nada"; estaba furiosa sin verbalizarlo y sin explicarme nada. Acabé por tener dudas e incluso me sentí un poco mal por molestarla tanto. Al final me dolía el estómago ante la idea de volver a verla en el trabajo, así que lo dejé. Más tarde, comprendí que su comportamiento era pasivo-agresivo gracias a una amiga que estudia Psicología y que me describió a la perfección la actitud de esta compañera. Este comportamiento puede hacerte dudar seriamente de ti misma y sacarte de quicio.»

La inteligencia interpersonal y la riqueza emocional pueden convertirse en armas psicológicas temibles si se utilizan con fines malintencionados. La violencia reprimida reaparece de otra forma y adopta comportamientos agresivos como la marginación, la exclusión, la traición, el rechazo, los chismes, los rumores, la humillación e incluso el final repentino de la amistad. La visión tradicionalista del sexo delicado, dulce y frágil ya no es vigente. Las mujeres son capaces de cometer actos de violencia que socialmente se ven obligadas a ejercer de este modo. Menospreciar a alguien con palabras humillantes es un puñetazo psicológico del que puede ser difícil recuperarse. Pero ¿de qué otras armas disponen?

Estas formas psicológicas de violencia se denominan agresiones interpersonales: «La violencia interpersonal es una forma de agresión que se caracteriza por intentar hacer daño o amenazar a los demás por medio de la manipulación y causar daños a las relaciones interpersonales».[39] Es «una forma de agresión que va dirigida a las percepciones, los sentimientos o los comportamientos, pero, en concreto, siempre se dirige a lo concerniente a la relación».[40]

La agresión es un medio de control para conseguir sus fines. En el caso de la agresividad interpersonal, la fuerza reside en la humillación, el rechazo y la exclusión. La particularidad del comportamiento «pasivo-agresivo» es que, al no ser asertivo, sino que usa la manipulación y la hipocresía, uno le da la vuelta a la situación y se hace pasar por la víctima. Pero ¿qué siente la víctima? A menudo, un malestar que no puede explicar, la sensación de que es culpable. Si nos dan un puñetazo, sabemos qué pasa y de dónde viene el problema, mientras que la estrategia pasivo-agresiva convierte a la persona-objetivo en el problema. Y esto puede dejar huellas en las relaciones que se tendrán más adelante con otras mujeres.

LA EXPLICACIÓN SOCIOLÓGICA

Hemos visto hasta qué punto las mujeres están condicionadas por miles de años de dominación masculina y acaban sintiéndose inferiores a los hombres. Algo similar pasó en los años cuarenta en Estados Unidos, cuando «la prueba de las muñecas» reveló que los niños afroamericanos manifestaban una clara preferencia por las muñecas blancas frente a las muñecas negras. Los psicólogos Kenneth y Mamie Clark llevaron a cabo una serie de experimentos para estudiar el peso de los prejuicios en los niños afroamericanos. Un niño está sentado en una habitación con cuatro muñecas encima de la mesa. Dos de las muñecas tienen la piel oscura y el pelo negro y dos tienen la piel blanca y el pelo rubio. El investigador se sienta en la mesa con el niño y le da una serie de instrucciones: «Dame la muñeca con la que quieres jugar», «Dame la muñeca más bonita», etcétera. Los resultados son inauditos: la mayoría de los niños prefieren las muñecas blancas a las de color en todos los ámbitos. El 67 % de niños indicó que preferían jugar con la muñeca blanca, al 59 % le pareció que la muñeca blanca era «simpática» y el 59 % dijo que la muñeca negra era «fea».

Este experimento se retomó hace poco en Francia.[41] Cuando se le preguntó a una de las niñas negras «¿Cuál es la muñeca menos bonita?», respondió: «La negra, porque no me gusta mucho el negro. Cuando sea mayor, me pondré una crema para ser blanca».

Al igual que los niños negros acaban por incorporar los prejuicios vinculados al color de su piel, las mujeres acaban por aceptar e interiorizar el sesgo cognitivo vinculado a su género. ¿Es este el motivo por el cual sienten envidia, incluso celos, cada vez que una mujer triunfa y se pone al mismo nivel que los hombres? ¿Hay alguna explicación para la rivalidad que surge cuando conocen a una mujer con personalidad, intelectualmente superior o con un mejor estatus social?

La sociedad exige mucho a las mujeres. Hace más de veinte años, la periodista y escritora Michèle Fitoussi ya lo denunció en *Le Ras-le-bol des superwomen*.[42] Pero las exigencias son las mismas, pese a algunos avances gracias al movimiento #MeToo, que ha permitido que se escuche a las mujeres.

¿Qué podemos hacer para salir de esta rivalidad sino tratar de comprenderla y esbozar nuevos modelos de relaciones entre mujeres? ¿Qué podemos hacer sino reconocer estos comportamientos sistemáticos de rivalidad y dejar de intentar gustar a los hombres a toda costa? Con motivo de la publicación de sus memorias,[43] la periodista Anne Sinclair volvió a hablar de su matrimonio con Dominique Strauss-Kahn, acusado de violación en 2011. En cuanto a la relación que mantiene con su exmarido, revela:

> Reproduje el patrón de dependencia que me unía a mi madre. Yo era una mujer de acción, gestionaba el presupuesto familiar, entrevistaba a los poderosos y estaba con él, siempre con temor al desacuerdo y miedo a dejar de gustarle. Entonces, ¿se trataba de dominación? No lo sé, pero, en cualquier caso, sí de sumisión y aceptación.[44]

¿Una misoginia interiorizada?

En una entrevista,[45] la actriz y cantante francesa Camélia Jordana explicaba la rivalidad femenina como una consecuencia de la misoginia interiorizada de la que ella había sido víctima. «En el mundo del espectáculo, interioricé la misoginia que hace que veamos a otra mujer como una enemiga o una rival. He aprendido a desmontar este discurso.» Ya se trate del mundo del espectáculo o del patio del instituto, siempre volvemos a las hermanas enemigas.

Diane, 29 años, que trabaja en una consultoría digital desde hace cinco años, llega a las mismas conclusiones:

«El mundo digital es masculino, los hombres encuentran su lugar con más facilidad que las mujeres. Cuando llegué a una nueva empresa y supe que mi jefe era una mujer, me puse muy contenta. ¡Al fin una mujer en un mundo masculino, y encima al frente de un equipo de hombres! Enseguida me desengañé. Por raro que parezca, cuando mi jefa trabaja con un chico todo fluye, todo va bien. En cambio, conmigo, todo se complica. Suele actuar de mala fe, como si partiera del principio de que yo no entiendo nada y que no soy competente. Es tremendo.»

Este es también el caso del acoso escolar, como destaca Peggy Sastre:

A menudo hay niñas que se alían contra la mejor de la clase, la más guapa, la que sobresale, y la atacan de manera coordinada; hay, por tanto, una coalición. Podemos observar el mismo fenómeno en el feminismo actual, donde se habla de sororidad a diestra y siniestra mientras que hay clanes de mujeres que se alían contra otros clanes de mujeres o incluso contra una sola mujer. Con frecuencia, la sororidad es una sororidad aparente. En la cadena de televisión francesa LCI, el presentador hace mención de una de mis críticas a una famosa autora feminista. Ella se ofende y afirma: «Yo nunca he dicho nada contra ella públicamente, ¿por qué me ataca?». ¿Significa esto que no se debe atacar a una mujer en público pero que se permite cuando se hace en privado? Se trata de una estrategia femenina que no me gusta: tirar la piedra y esconder la mano es destructivo.

¿Abandonar la idea de una solidaridad natural?

Todas nos hemos sentido heridas, alguna que otra vez, por una mujer, compañera o amiga, que pensábamos que estaba «de nuestro lado». En su libro *Woman's Inhumanity to Woman*,[46] Phyllis Chesler[47] repasa algunas de sus experiencias más devastadoras y los diversos ataques que pusieron patas arriba, a veces de manera brutal, lo que creía que era firme. Chesler nos exige que reconsideremos, de una vez por todas, la situación de la solidaridad emocional entre las mujeres.

Es muy doloroso vivir una decepción, una injusticia o un malentendido, sentir que no tenemos apoyo y que no se reconoce nuestro sufrimiento. La decepción es aún mayor y se vive de forma más violenta y traumática si nuestras expectativas emocionales son altas. En un momento dado pensábamos que podíamos confiar en alguien en todo momento y que no nos contradeciría, es decir, que obtendríamos su apoyo contra viento y marea, que jamás nos traicionaría ni abandonaría... Teníamos expectativas casi imposibles de satisfacer.

Según Chesler, este malestar, que puede provenir de decepciones o ser el reflejo de sentimientos de competencia, solo revela cierto sexismo interiorizado por parte de las mujeres:

> El resultado de estas opiniones sexistas interiorizadas es que las mujeres esperan de manera inconsciente que las demás mujeres sean maternales y se apoyen entre ellas; por lo tanto, tienen una expectativa irracional. En la realidad, las mujeres comunes son bastante agresivas y com-

petitivas entre ellas, aunque se les ha enseñado a negarlo. Esta negación conduce al rencor, a difundir rumores, a calumniar y a marginar. Este tipo de agresión indirecta es una experiencia dolorosa, sobre todo cuando la mayoría de las mujeres dependen de otras para su bienestar emocional, sus amistades y la aceptación social.

Exigencias contradictorias

La sociedad tiende a imponer a las mujeres un determinado comportamiento y unos determinados deseos, difundiendo un sinfín de mensajes contradictorios. Atrapadas entre el pasado y el presente, tienen dificultades para aclararse, lo que las hace estar en un conflicto permanente e inmersas en un sentimiento de limitación. Este conflicto, por desgracia, se resuelve con demasiada frecuencia por medio de una actitud defensiva y competitiva. Como dice Leora Tanenbaum:

> Un modo simple de pensar que hemos conseguido dominar nuestra vida es competir con otras mujeres. Al competir, nos situamos a nosotras mismas y a las demás en pequeñas casillas, como, por ejemplo: «Voy al gimnasio cuatro veces por semana... en cambio ella no se cuida y se ha dejado totalmente». Esta confusión tan solo opaca el sentimiento de agencialidad de las mujeres y las pone en situación de rivalidad.[48]

Ejemplos de exigencias contradictorias

Estas son algunas de las situaciones en las que estamos sometidas a dos presiones incompatibles:

- Sobre la belleza: «Es importante estar delgada y guapa, seguir la moda y estar arreglada. También se nos ha enseñado que todo esto es frívolo. Lo que cuenta es la belleza interior».
- En el amor: «Debemos encontrar un hombre decente y casarnos. También nos dicen que no se necesita un hombre para sentirse completa como persona, y ahora que cada vez hay más mujeres que trabajan, no tenemos ninguna necesidad de su dinero».
- En el trabajo: «Hay que ser competitiva como un hombre para prosperar, pero es importante que una mujer comparta, colabore y sea amable si no quiere que se la perciba como una zorra castradora».
- El origen de nuestra identidad: «Nos enseñan que convertirse en esposa y madre es lo mejor del mundo. Pero también sabemos que una mujer necesita una carrera para cubrir sus gastos y sentirse plena, sea cual sea su situación parental o marital».[49]

El miedo a que nos vean como demasiado liberadas

En 2013, un estudio llevado a cabo por Zhana Vrangalova[50] en la Universidad de Cornell mostraba que las mujeres, incluso las que tienen muchos amantes, son más propensas a rechazar a mujeres liberadas sexualmente, que perciben como menos dignas de su amistad. Vrangalova y sus colegas encuestaron a 751 alumnos acerca de su comportamiento sexual. Después, los participantes leyeron una breve descripción de una persona (de su mismo sexo) que había tenido varias parejas sexuales en el pasado, ya sea dos o veinte. Los resultados señalaron que siempre hay un doble rasero. Las «zorras» provocaron vergüenza, mientras que se aplaudió a los hombres, a quienes se percibió como «sementales». Lo que más nos sorprendió de este estudio es hasta qué punto las mujeres promiscuas no consideraban a otras mujeres igual de promiscuas como posibles amigas, no las veían como unas *alter ego* a las que acudir en caso de necesidad y en las que encontrar apoyo. Por tanto, las mujeres de moral «ligera» tienen un mayor riesgo de encontrarse aisladas socialmente y padecer una mala salud física y psicológica.[51]

Aparecer en público con una «zorra» supone arriesgarse a que te consideren una de ellas y te juzguen como tal. Es lo mismo que apunta Peggy Sastre: «Las mujeres competirán entre sí en belleza, juventud o en las señales de juventud relacionadas con la belleza, y las señales del pudor (modestia). En las investigaciones llevadas a cabo en distintas culturas, se observa que el discurso más conservador y puritano en lo referente al sexo es exclusivo de las mujeres, que los sectores más conservadores de la sociedad están formados por mujeres, que son las propias mujeres las que más critican a otras por sus modales, el aborto, el matrimonio homosexual, etcétera. La explicación es que valores como la fidelidad o el pudor son características que los hombres aprecian».

El veneno de la comparación

> «Nos han enseñado a comparar», declara la Dra. Maria Paredes, asesora profesional creadora de la cuenta de Instagram With_This_Body. Todo el mundo lo hace, [...] pero se educa a las mujeres para que lo hagan desde muy temprana edad; pensad en los concursos de belleza que evalúan y luego clasifican a las mujeres. La necesidad innata de compararse y rivalizar que todos los seres humanos sienten proviene de una parte muy primitiva del cerebro, un impulso biológico arcaico de apropiación, anterior a la socialización. En las mujeres, existe una razón más reciente asociada a la socialización. «Cuando analizamos la evolución de los derechos de las mujeres, nos damos cuenta de que su acceso a los recursos no se remonta hasta muy atrás en el tiempo.»[52]

Paredes coincide con Stephen R. Covey en la mentalidad de escasez que muestra a las demás mujeres como rivales.

Como hemos visto asimismo en la página 39, Instagram y las redes sociales han multiplicado las ocasiones en las que las mujeres se exponen a la comparación.

En este escaparate disponible las veinticuatro horas, todo está a la vista: el cuerpo, la ropa, las actividades, las dotes para la decoración, las vacaciones, los hijos, etcétera.

Una atracción inconsciente

Las primeras experiencias de traición son, a menudo, obra de otras mujeres, como vemos en series como *Gossip Girl* o *Sensación de vivir*. Tu mejor amiga te quita el novio y te destroza. La novela *Sous le soleil de mes cheveux blonds*,[53] de Agathe Ruga, se adentra en el terreno de la adolescencia y explora la rivalidad tras años de una amistad incondicional. «La vida real estaba ahí, no llevábamos máscaras. Estábamos pletóricas y todo estaba por construir.»

Pasada la adolescencia, pensamos que nos hemos librado de toda la escoria pueril propia de la juventud y que nos embarcamos en un mundo ideal como en *Sex and the City*, donde las amistades femeninas son inquebrantables. Pero la realidad es bien distinta. Según Naomi Wolf,[54] los hombres compiten para alcanzar un objetivo, ya sea en el campo de batalla o en el terreno de juego:

> No necesitan hacerlo de un modo que deje tras de sí un trastorno emocional, lágrimas y recriminaciones. Pero cuando las mujeres muestran agresividad las unas hacia las otras, los métodos son más sutiles y las repercusiones más amargas. Las mujeres tienden a confundir amor y nostalgia con hostilidad, a sentirse atraídas por lo que quieren condenar o destruir.

Wolf va más allá. La rivalidad femenina podría tener su origen en un sentimiento de identificación y atracción:

> Esto puede explicar en parte por qué las amistades femeninas muy estrechas pueden llegar a ser peligrosas a nivel emocional, tanto que la única canalización «segura» de la energía es la agresión o la traición. En *Cisne negro*, el subtexto lésbico de la relación entre las bailarinas que compiten aflora directamente a la superficie. [...] Hay estudios psicológicos que muestran que, mientras que los hombres heterosexuales responden a estímulos heterosexuales y los hombres homosexuales a estímulos homosexuales, las mujeres, al margen de su orientación, tienden a ser bisexuales en sus respuestas fisiológicas, aunque esta excitación no siempre se registra a nivel consciente. ¿Cuántas veces en medio de las tensiones entre mujeres claramente heterosexuales, una atracción insostenible se ha redirigido hacia un resentimiento seguro?[55]

«Aunque las mujeres kamikazes, las mujeres violadoras y pedófilas son rarísimas, no nos engañemos: las mujeres misóginas no son infrecuentes y la explicación social o psicoanalítica del fenómeno no es una excusa.»[56] Según Joyce Benenson,[57] investigadora en el Emmanuel College de Boston, la rivalidad entre las mujeres responde a tres imperativos:

- «En primer lugar, deben proteger su cuerpo de daños físicos (que podrían amenazar su embarazo actual o futuro).» Esta es la razón por la que las mujeres prefieren la agresión indirecta hacia otras mujeres (se refugian en palabras o en un grupo) en lugar del enfrentamiento físico.

- En segundo lugar, las mujeres que gozan de un estatus elevado o de un físico especialmente atractivo necesitan menos ayuda de otras mujeres y son más poco propensas a entablar una relación con una posible rival. «Así, una mujer que trata de destacar o promoverse amenaza a otras mujeres y se topa con la hostilidad.»
- Por último, en los casos extremos, las mujeres pueden protegerse contra posibles competidoras por medio de la exclusión social. «Si una nueva mujer seductora aparece en la colonia (o en la escuela o en el gimnasio), todas las mujeres presentes pueden darle la espalda y obligarla a retirarse de la escena, aumentando de este modo sus propias oportunidades con los hombres de alrededor.»[58]

El miedo a contrariar. Este miedo inexplicable que a veces nos hace sacrificar a otras mujeres para poder ponernos del lado de los hombres, del lado de los dominantes. ¿Y si el aprendizaje de la sororidad empezara por aquí? ¿Y si empezara por aprender a contrariar a los hombres? ¿Por tener un poco más de confianza? ¿Por centrarnos en nuestro propio universo?

«Después de todo, no competimos con otras mujeres, sino con nosotras mismas, con lo que pensamos de nosotras mismas. En el caso de muchas de nosotras, miramos a las otras mujeres y vemos en su lugar una versión mejor de nosotras mismas, más hermosa, más inteligente, que tiene algo más. No vemos en absoluto a la otra mujer. Es un espejo distorsionador que refleja una versión inexacta de quienes somos, pero de todas formas la tomamos con ella porque es más fácil. Pero no tenemos ninguna necesidad de menospreciar a las demás mujeres, ya sea por el futuro de la especie o por nuestro propio bienestar psicológico. Cuando nos centramos en ser la fuerza dominante en nuestro propio universo en lugar de apoderarnos del de las demás, todas salimos ganando.»

EMILY V. GORDON (escritora, productora
y presentadora de pódcast estadounidense),
«Why Women Compete With Each Other»,
The New York Times, 31 de octubre de 2015.

3

LA RIVALIDAD INTRAFAMILIAR

> Los celos de las mujeres son inconmensurables, sobre todo cuando se los guardan para ellas mismas.
>
> CAMILLE LAURENS

Los investigadores suelen preferir trabajar la relación entre hermanos y hermanas a la relación entre padres e hijos. Las interacciones dentro de una fratría (o de una sororía, deberíamos decir...) desempeñan un papel fundamental en los futuros adultos, ya que, a lo largo de la vida, pasamos mucho más tiempo con los hermanos y hermanas que con los padres, que, en general, mueren antes que sus hijos.

ENTRE HERMANAS

¿Es la sororidad más fuerte que la fraternidad?

¿Qué revelan las investigaciones sobre este tema? De entrada, observamos que hay una mayor cercanía entre hermanas que entre hermanos: «Nuestras investigaciones han mostrado de manera muy consistente que las hermanas, a lo largo de la vida, tienen relaciones mucho más estrechas que los hermanos. Resulta sorprendente», afirma Deborah T. Gold, socióloga y profesora adjunta de Psiquiatría en la Facultad de Medicina de Duke. «Las parejas de hermanos formadas por hombre y mujer se asemejan mucho más a las de dos hermanas que a las de dos hermanos. Para mí, esto indica que la presencia de una mujer es [lo que] marca la diferencia, y no necesariamente la presencia de dos mujeres.»[1]

¿Por qué se da una mayor cercanía? Tal vez sea porque las mujeres suelen estar más a gusto con la expresión de las emociones, como demuestran numerosos estudios, lo cual facilita la preservación de los lazos familiares.

La psicóloga Jane Mersky Leder[2] va en la misma línea. Según su clasificación, los lazos afectivos son sumamente fuertes entre hermanas, relativamente fuertes entre hermanos y hermanas, y se debilitan un poco cuando se trata solo de hermanos. La buena noticia para las mujeres es que la solidez y la longevidad de estos vínculos son beneficiosas para la autoestima.

Tener una hermana ayuda asimismo a desenvolverse en situaciones difíciles: «Hemos comprobado que, en términos de buenas relaciones, las hermanas sienten una mayor necesidad y tienen una mayor preocupación por ayudarse y apoyarse mutuamente. Parecen ser mucho más estimulantes a nivel social las unas para las otras».[3]

Más allá de lo que puedan representar las grandes amistades, ser hermanas significa compartir un tesoro de recuerdos comunes, experiencias familiares y secretos de infancia, en definitiva, muchos lazos que unen, desinhiben el comportamiento y moldean. Pero ¿es necesario percibir este vínculo de manera tan idealizada, cuando tantas historias nos retratan un estereotipo bien distinto, teñido de celos y hostilidad, como veremos en las tradiciones bíblicas y mitológicas? Y ¿hay que considerar esta relación especial solo bajo el prisma de estos dos extremos?

Lea y Raquel, casadas con el mismo hombre

En el libro del Génesis,[4] Lea y Raquel son las hijas de Labán. Mientras Raquel está sacando agua de un pozo, se encuentra con su primo Jacob. Se enamoran. Cuando Jacob comunica a Labán que quiere casarse con su hija, el padre de Raquel pone una condición: sin dote, su sobrino trabajará para él durante siete años antes de poder casarse con Raquel (en esa época, las hijas eran propiedad del padre). Pasados siete años, Labán le entrega a Jacob su hija mayor, Lea, en lugar de Raquel. Oculta bajo el velo nupcial, en la oscuridad, Lea puede pasar por su hermana. Cuando Jacob se percata del engaño, ya está casado. Labán le promete que, pasados otros siete años de trabajo, podrá al fin casarse con Raquel, su hija pequeña. Jacob no siente ninguna atracción por Lea y se consagra al trabajo para casarse, al fin, con quien ama. Lea le da cuatro hijos a su marido, pero Raquel es estéril, víctima sin duda de la ley que condena el matrimonio de dos hermanas con el mismo hombre. A cambio de una noche de amor con su marido (que sigue prefiriendo a su hermana pequeña), Lea acepta darle mandrágora, planta con virtudes fecundadoras, a su hermana. Raquel concibe, por su parte, dos hijos.

En este episodio de la Biblia, Raquel tiene celos de Lea, porque, aunque a quien Jacob ama de verdad es a ella, no consigue ser madre, a diferencia de Lea. A su vez, Lea tiene celos de Raquel, a quien su marido prefiere. Su rivalidad se forja en torno al amor y la fecundidad. Todo sucede como si estos fueran los únicos horizontes de la mujer (lo que ha ocurrido durante mucho tiempo en la historia de la humanidad) y como si Raquel y Lea estuvieran condenadas a ser unas perdedoras: una es la predilecta, la otra tiene la maternidad.

Es interesante señalar que si Jacob se refugia con su tío Labán es para huir de Esaú, su hermano gemelo, que lo quiere matar: Jacob le ha robado su derecho de primogenitura y la bendición de su padre, Isaac, haciéndose pasar por su hermano. Así pues, la rivalidad forma parte también de la relación entre hermanos, pero se manifiesta mediante una violencia primaria, radical: o Esaú elimina a Jacob, o Jacob huye de Esaú. En el caso de Raquel y Lea, la rivalidad no se expresa por medio de la violencia, y termina por desaparecer. Raquel y Lea son capaces de hablarse, de escucharse y de reconciliarse. A través de la palabra y el diálogo, se liberan del universo patriarcal en el que viven.

Del lado de la mitología

A menudo se menciona a Edipo, a veces a Electra, pero se habla poco de las Pléyades, que no se quedan atrás en cuanto a líos familiares. Estas siete hermanas, hijas del titán Atlas y de la oceánide Pléyone, compiten por el amor de su padre. Este equivalente de Edipo entre hermanas es lo que hizo que Maryse Vaillant se interesara por la psicología. Su libro *Entre sœurs*[5] examina los diferentes aspectos de las relaciones entre hermanas. Y para ella, tener una o varias hermanas marca una gran diferencia para una niña:

> En la relación edípica ya no están en juego tres, sino cuatro o incluso cinco personas. El amor y el deseo por el padre han de tener en cuenta a las demás mujeres de la casa. Hemos construido tanto el Edipo en torno al triángulo padre, madre y (un) hijo, que nos hemos olvidado de la fratría. Ahora bien, una hija que ve a su hermana desear al hombre que ella también desea comprende enseguida que él se quedará con la madre. [...] Es fundamental para la construcción de la personalidad soñar con robarle el padre a su hermana. Al igual que es normal soñar con quitarle su juguete, incluso a su novio cuando llega la adolescencia..., ¡mientras siga siendo una fantasía![6]

La mitología griega antigua no iba mal encaminada cuando nos revelaba los problemas pasionales de esta relación, que pueden abarcar varias generaciones. Acabamos de ver que competir por el amor del padre es uno de los problemas. ¿Quién será la predilecta? Y, en general, pelearse por la atención y el amor de los padres es una parte integral de la dinámica fraterna: es la competencia por excelencia. En la relación entre hermanas proliferan los sentimientos encontrados. Según se esté en la infancia, la adolescencia o en la edad adulta, los cambios en el ambiente son habituales: pasar de lo lírico a lo trágico es frecuente, e incluso pasar del buen entendimiento a la guerra fría en un solo día. Los mayores sobresaltos se producen en los diez primeros años.

Sombras y luces

A los ojos de los adultos o, con más frecuencia, a salvo de su mirada, la relación entre hermanas es compleja y fascinante, simbiótica o hiriente, y está revestida de un sinfín de sutilezas. Criadas en el mismo seno, las hermanas asumen papeles distintos que se presentan de varias formas. Son compañeras de juegos, confidentes, consejeras de todo tipo, ejemplos, cómplices, protectoras, guías y, desde luego, rivales feroces, pero están unidas de por vida más allá de la existencia de sus padres.

Así pues, ¿cómo se explica que se pueda querer destruir a una persona a la que se quiere tanto? Un fuego arrasador y reconfortante a la vez, directamente desde el monte Olimpo, acompaña a esta relación. Este vínculo incondicional no es, sin embargo, fácil. Es ambivalente, complicado e inhibe en gran medida nuestra identidad. Está cosido con los hilos de la amistad, la rivalidad, los celos, la envidia y el orgullo. A veces es difícil encontrar la justa medida. Nuestras hermanas pueden interponerse en nuestro camino, arrebatarnos el lugar o no ceder ni un ápice en una situación que les otorga un cierto poder. Conseguir más o menos rápido las metas vitales deja un rastro de celos y amargura, y el acercamiento y el alejamiento ya no se negocian con ternura. La amenaza del distanciamiento, por ejemplo, puede alterar el estado emocional y reavivar las ganas y la necesidad de una mayor cercanía.

Jenna y Ranjini, 31 y 28 años, son hermanas y ambas son músicas profesionales. Cuando la hermana pequeña consiguió un puesto prestigioso en el extranjero, que las dos codiciaban, Jenna empezó a estar resentida con Ranjini.

«Me sentí superfeliz por mi hermana, pero, al mismo tiempo, tenía la impresión de que esta situación ponía en duda mis propias capacidades. Así pues, cuando ella iba a ver a nuestros padres, me las arreglaba para estar ocupada, la evitaba. Más adelante me di cuenta de lo mucho que la extrañaba. Seis meses después, conseguí un puesto en una orquesta y entendí que no teníamos ninguna obligación de triunfar a la vez, que cada trayectoria tenía sus tiempos. Desde entonces, intentamos pasar el mayor tiempo posible juntas. Le pedí perdón por mi actitud infantil, ella lo comprendió y yo se lo agradezco.»

Las cuestiones del origen y de la identidad van de la mano. En este juego de sombras y luces, donde el conocimiento de la otra es casi total (con los riesgos que eso comporta), forjar la propia personalidad marcando la diferencia puede resultar complicado. La otra siempre está presente, como una sombra chinesca, y hay que evitar parecerse demasiado a ella, no copiar su forma de vestir, de hablar... Las peleas que puede ocasionar dan fe de ello. ¿Quién no ha gritado de rabia al descubrir que su hermana le había «tomado prestado» su vestido preferido? Pero a fuerza de tener celos y de compararse se acaba por conocer mejor la propia individualidad.

Según el doctor Aldo Naouri, pediatra y especialista en relaciones intrafamiliares,[7] la impronta del amor maternal perdura hasta mucho después de la infancia. Su poder absoluto impregna la piel de las hijas de manera indeleble. Así, todos los miembros de una fratría, independientemente del lugar que ocupen, tienen una conciencia clara del vínculo que existe entre la madre y cada uno de los demás hijos. Este conocimiento hace que aparezcan rivalidades, que marcarán durante mucho tiempo las relaciones entre hermanas, harán que surjan los celos y podrán engendrar frustración y violencia. Tener que compartir el amor de una madre es exponerse a la comparación, arriesgarse a no ser la preferida.

La relación entre hermanas invita con demasiada frecuencia a la comparación que, lejos de ser sutil, se basa en atributos totalizadores y divisorios. «Una tiene las neuronas y, la otra, la belleza», se dice a veces. Ante esto, es fácil que nos imaginemos inconscientemente que nuestra hermana nos priva de un aspecto que no nos caracteriza. Si a ella se le etiqueta como «la guapa» y a nosotras como «la lista», ¿significa que no somos guapas? La etiqueta es aún más perjudicial cuando son los padres quienes la ponen. Se profieren demasiadas reflexiones y comentarios sin pensar cuya única consecuencia es provocar celos y entorpecer el afecto entre hermanas. A menudo, la cultura popular se regodea en esto y lo convierte en el tema de películas y series, difundiendo estos mitos hirientes y, sin embargo, tan poderosos, que alteran la realidad, independientemente de la edad.

Charlotte, 50 años, manifiesta:

«Entre mi hermana y yo, la guerra no se declaró durante la infancia, sino hace unos años, cuando murió mi padre. Mi hermana empezó a ser mala conmigo. Sé que al mismo tiempo estaba pasando por un divorcio, lo cual no era nada fácil, pero incluso en los años posteriores tenía una actitud tan agresiva conmigo que acabé por decirle: "Está bien, se acabó, ya está. No nos veremos más, ni en Navidad, ni para ir al cine ni para nada". Mi hermana se puso a llorar y me explicó de dónde venía su actitud: cuando se divorció, en el momento en que mi padre se estaba muriendo, tenía celos de que yo tuviera una vida conyugal feliz. Como si yo fuera la hija que hacía lo que mi padre esperaba, mientras que ella fracasaba en su vida... De repente, me quería muchísimo.

»Cabe decir que en casa tenemos algunos ejemplos de rivalidad entre hermanas; incluso a día de hoy, nuestra madre y sus hermanas, nuestras tías, se entregan a una especie de competición desenfrenada para saber quién tendrá más nietos y, dentro de poco, bisnietos. Aprovechan cualquier oportunidad para competir, aunque tengan 80 años o más.»

Por suerte, hay muchas excepciones a la regla que ilustran la fuerza de los vínculos. La relación entre hermanas es sumamente complicada.

Joëlle, 46 años, recuerda sus años de instituto:

«Mi hermana Marine es un año menor que yo, estamos muy unidas y tenemos los mismos gustos. En la escuela, una tarde nos dimos cuenta de que estábamos enamoradas del mismo chico, guapísimo, alumno del último grado. Un día, se acercó a hablar conmigo y me invitó a una fiesta que organizaba. Mi hermana me miró, desde el final del pasillo, y levantó los dos pulgares sonriendo. Me pareció muy tierno y me dije que se merecía todos los chicos del mundo. Decidí rechazar la invitación e inventarme un novio. No me lo reprochó, e incluso nos hicimos amigos. En cuanto a mi hermana, me dijo que estaba loca por haberlo rechazado, pero que me lo agradecía y que habría considerado lo contrario una traición.»

Fleabag o un vínculo frágil y fuerte a la vez

En la serie de televisión inglesa *Fleabag*, la sutileza está a la orden del día y es, sin duda, lo que contribuye a su éxito. Para los ingleses, expresar las emociones es un ejercicio bastante arriesgado y que, en algunos momentos, puede rayar en la grosería; en cambio, una forma elegante de expresarlas es utilizando el humor. Reírse de uno mismo, el desenfado, la ironía y lo que no se dice permiten descubrir tesoros de sentimientos de un poder inaudito. La serie *Fleabag* se centra en la relación cáustica entre dos hermanas, y es preferible reírse para no ponerse a llorar de la ternura.

Claire y su hermana —Fleabag, la protagonista— viven en una familia disfuncional. La madre falleció y el padre se vuelve a casar con la madrina de sus hijas. En este pequeño mundo se cruzan y se dirigen la palabra, pero no dan rienda suelta a sus sentimientos. La distancia que los separa es palpable, probablemente a partir de la muerte de la madre. La relación de las dos hermanas es un malentendido continuo, acompañado de rencores y decepciones. Todo las separa. Una está atrapada en su existencia, en sus deberes de esposa, madre y trabajadora modelo, una Wonder Woman de punta en blanco en su casa de ensueño; la otra, Fleabag, es un alma errante que acumula pasos en falso existenciales, deambula por la vida sin un rumbo concreto y mantiene a distancia a sus seres queridos. El único que se libra es su hámster, la mascota de la cafetería que regenta y que está a punto de quebrar todos los fines de mes. Piensa constantemente en su mejor amiga, Boo, fallecida de manera accidental. Fleabag está soltera, no sabe elegir a los hombres y se enamora... de un cura. Un auténtico vía crucis que acepta.

Y, sin embargo, más allá de los comentarios mordaces y las traiciones, estas dos hermanas siempre están la una para la otra, aunque no del modo tradicional. Y aquí radica la habilidad de esta serie cuyo subtítulo podría ser: «¿Quién ha dicho que era fácil ser hermanas?». El vínculo descrito es sutil, frágil, torpe, pero inquebrantable; el cariño aflora donde menos te lo esperas. Fleabag demuestra el amor hacia su hermana durante una cena formal anunciando que acaba de tener un aborto espontáneo en el baño del restaurante, cuando es en realidad Claire quien acaba de perder el bebé. Una generosidad que ilustra la relación paradójica entre hermanas. Esto no garantiza, a pesar de todo, que sean las mejores amigas del mundo, pero el afecto está ahí. Sus angustias y sus inseguridades se despliegan sin rodeos, tanto para la mayor como para la pequeña, cuya irresponsabilidad acabará por contagiar, un poco, a Claire.

En otra serie emblemática, *Downton Abbey*, la rivalidad entre dos hermanas alcanza su punto álgido. Lady Edith vive a la sombra de su hermana lady Mary; no es tan guapa y tiene menos pretendientes que ella. Le cuesta mucho más encontrar su lugar en la familia y sus propios padres la menosprecian constantemente, tratándola como un patito feo. Celosa y amargada, Edith terminará por revelar un asunto sórdido que afecta de forma grave a Mary. A su vez, cuando parece que al fin Edith puede encontrar la felicidad con un hombre enamorado, Mary revela que Edith tiene una hija secreta, echando por tierra el futuro de la pareja y los sueños de su hermana pequeña. Al final, Mary compensará y solucionará el desastre que ha causado y las dos hermanas podrán reconciliarse. Por más que la historia esté ambientada a principios del siglo XX, cuando el movimiento feminista estaba empezando a surgir en Inglaterra, nos aterra la violencia y el ámbito en el que su casta y su época restringen su rivalidad.

Ningún lugar es fácil de ocupar. ¿Y qué significa triunfar o fracasar en la vida? Ante estas preguntas vertiginosas, aceptar a una hermana con su singularidad no es incompatible con el hecho de quererla.

El lugar en la fratría juega, por tanto, un papel fundamental. Ser la mayor confiere poderes, desde luego, pero también, a veces, el deber de cuidar a los más pequeños, lo que puede dar pie al resentimiento. El papel de hermana mayor no protege contra el adelantamiento de la más pequeña, que puede vivirse como una pérdida de identidad y que precisará de un trabajo de reposicionamiento en la propia vida, articulado en torno a las propias aspiraciones... o no. Esta lucha de poder está llena de dificultades y, lejos del final feliz de los cuentos de hadas, puede acabar mal. Conseguir el trabajo de tus sueños antes que tu hermana mayor o quedar embarazada antes que ella puede dejar un gusto amargo, aunque la alegría acompañe esta amargura. La autora inglesa Doris Lessing describe este sentimiento:

> Digámoslo de una vez por todas: los recuerdos que tengo de mi madre están marcados por el antagonismo, la rebeldía y el sentimiento de exclusión, al que se añade el sufrimiento de ver que al bebé nacido dos años y medio después que yo se le quiere de forma apasionada, a diferencia de a mí. [...] El verdadero problema era que no tenía afinidad conmigo. No era su culpa. No puedo imaginar a nadie menos capaz que yo de gustarle. Pero ella no lo reconocería nunca. Una madre quiere a su hijo, el hijo quiere a su madre; ¡y no se hable más![18]

Sin embargo, pasar de la rivalidad a la ayuda mutua entre hermanas es un aprendizaje importante. Forjar esta relación nos ayudará a saber qué actitud adoptar en compañía de otras mujeres, seremos capaces de abrirles nuestro corazón, de convertirnos en compañeras de fatigas y, en definitiva, haremos progresar la sororidad. Para que las relaciones se rijan bajo el signo de la bondad, Maryse Vaillant nos recuerda este aspecto esencial:

> Para que una niña crezca y se olvide del mordisco constante de la envidia, es necesario que su madre le haya transmitido la idea de que su femineidad es maravillosa.

Todas las mujeres tienen algo extraordinario: ¡su femineidad! Una mujer no tiene ninguna obligación de ser una seductora o una víctima. No está obligada a buscar el poder en los hombres, cautivándolos o dándoles hijos. En cambio, si la madre no apoya la femineidad de sus hijas, ellas pueden crecer en el lamento, la acritud y la rivalidad hacia las demás mujeres.[9]

Las hermanas, ¿un aprendizaje de la rivalidad entre las mujeres?

En definitiva, ¿podremos considerar la relación entre hermanas como una gran repetición, un esbozo de las futuras relaciones humanas, una enseñanza útil en lo que respecta a la naturaleza ambigua de los sentimientos femeninos? ¿Se trata de una forma de aunar al mismo tiempo la facultad de amar y de odiar a la persona que comparte nuestra trayectoria vital, de poder sentir envidia hacia una mejor amiga y, a la vez, necesitarla? Es sabido que esta relación «influye y que el papel de hermana se perpetúa en la vida pública o profesional».[10]

Escuchemos esta otra historia. Célia, 32 años, es restauradora. Adora a su hermana, tres años menor, pero no puede librarse de un cierto rencor.

«La escuela nunca ha sido lo mío, para gran disgusto de mi madre. Enseguida me encaminé hacia una trayectoria profesional y, al final, encontré mi camino y me ha ido bastante bien. Pero mi hermana tiene los títulos y la toga de abogada. Lógicamente, causa mejor impresión en una conversación. Nuestros padres se divorciaron cuando tenía 11 años. Fue un periodo horrible y nuestro padre se fue a vivir al extranjero con una chica de 19 años. No teníamos dinero, vivíamos las tres en un departamento con un único dormitorio, donde mi madre dormía en el sofá cama y mi hermana y yo compartíamos la misma habitación. Mi madre tuvo que volver a ponerse a trabajar. Así que, naturalmente, cuando oigo hablar a mi madre del último juicio que ganó mi hermana y del gran abogado que le pidió matrimonio, siento una punzada en el corazón. Y, sin embargo, daría mi vida por ella. La quiero muchísimo porque hemos atravesado juntas las penurias de la infancia, la ausencia de padre y la falta de dinero. No puedo evitar estar algo celosa, aunque lo tengo todo para ser feliz: un restaurante bonito y una pareja estupenda. Además, pensándolo bien, sé que Marion no ha hecho nada para ser la preferida. Es generosa y maravillosa de forma natural, es a nuestra madre a quien le gustan las personas que destacan...»

Solange, 40 años, habla por su parte de la rivalidad entre generaciones.

«Suelo decir que me dan miedo las mujeres y, al decirlo, pienso en mis dos abuelas, y en la relación que tienen con sus propias hermanas y con sus hijas. ¿Qué les han transmitido a sus hijas cuando ellas han sido madres? ¿Cómo las han tratado? ¿Qué espacio les han dado?

»He notado que la problemática principal entre hermanas se debe a que todas se definen en relación con el hombre. Está la que tiene el mayor poder de seducción, la que es la predilecta del padre, la que tiene un estatus social más elevado gracias a su marido, también quien tiene el marido más guapo... Estos son los primeros criterios que generan competencia y rivalidad.

»Mi abuela materna y sus hermanas no eran unas bellezas si nos atenemos a la definición de la sociedad, pero tenían mucha personalidad. Para ellas, tener un marido estupendo o guapo era un motivo de competencia, y ahí mi abuela ganó con creces porque tuvo un matrimonio mejor que el de sus hermanas, con un hombre apuesto que estaba "bien situado". Ser la ganadora de la competición, junto con su carácter fuerte, hizo que impusiera una jerarquía a sus hermanas, en la que ella tomaba las decisiones, se ganaba la corona y ostentaba el primer puesto en la sororía. La hermana más cercana en edad se hizo a un lado y tuvo una vida acorde con su posición: menos medios y un marido que le fue infiel. En cuanto a la pequeña, muy menuda, permaneció al margen y nunca se casó para mantener su puesto de "última".

»Esta jerarquía, instaurada por mi abuela, se ha mantenido hasta la siguiente generación. Mi madre solo tiene una hermana, que era la preferida del padre. Una vez más, la relación con el hombre ha sido determinante. Aunque mi madre era sumamente guapa, no utilizó su belleza para autoafirmarse, ya que su propia madre la menospreciaba. Era consciente de su belleza, ya que, a pesar de todo, es una gran seductora, pero tiene una relación complicada con su propia imagen. Como era la mayor, mi madre siguió el principio jerárquico y de poder y trató a su hermana de manera condescendiente, recordándole que era más joven y que debía respetar sus decisiones. Nunca han estado unidas y, como consecuencia, mi madre domina a su hermana pequeña, sin perder de vista los celos con respecto al padre. Esta rivalidad me pareció evidente cuando mi abuela se fue a vivir a una residencia de ancianos. Los puntos de vista de mi madre y de mi tía eran tan divergentes que acabó siendo ridículo; los documentos, los objetos que había que conservar, la forma de hacerlo... mi madre no paraba de juzgar a su hermana.

»Y, por supuesto, eso se ha transmitido a mi generación. Tengo dos hermanas mayores que solo se llevan dos años, mientras que yo soy nueve y once años menor que ellas. Me han tratado como un bebé. Por mi parte, yo estaba fascinada, sentía mucho amor por ellas. Pero me daban un poco de miedo porque me maltrataban constantemente. Siempre iban antes que yo. Amélie, la menor de las dos, tomó el control desde que a nuestra hermana mayor, Muriel, le diagnosticaron trastorno bipolar a los 18 años. Asumió el papel de reina: era la más guapa y la que tenía más talento, en la pintura y en la escritura. Empezó a hablar de manera muy afectada, dándose aires de superioridad. Todo esto pasó sin prisa pero sin pausa. Amélie no se daba cuenta y me hablaba como si fuera su sirvienta.

»Por ese motivo, durante mucho tiempo, integré por completo el hecho de que Amélie era la más guapa. Jamás pensé que pudiera ser guapa y talentosa como mi hermana. Al crecer, me sentía muy incómoda ante la mirada de los hombres. Había interiorizado esta jerarquía de tal manera que no había lugar para mí. En realidad, nuestra relación se basaba en la violencia, y eso intensificaba mi miedo. Me costó invertir el orden establecido. Y también había, creo, una parte de inestabilidad psicológica, un defecto debido tal vez a la misoginia del entorno. Por parte de mi abuela paterna, las mujeres también se relacionaban desde la maldad, la frustración y una competencia inmensa. Recuerdo muchos comentarios hirientes e injustificados... Por las dos partes, no he tenido imágenes positivas de mujeres estables o bondadosas.

»Desde hace poco, gracias al trabajo terapéutico, he empezado a permitirme algunas cosas, a reconocer mi talento. Tengo dotes para la pintura, la escritura y el canto, me lo han dicho a menudo, pero ahora me lo creo, sin temer inconscientemente meterme en el terreno de mi hermana. Ocupo mi lugar sin estar en contra de ella, ni por encima ni por debajo de ella. Justo ahí donde necesito estar. En mi lugar.»

Hannah y sus hermanas, por Woody Allen

La trama de esta película de 1986 gira en torno a tres hermanas; una de ellas, interpretada por Mia Farrow, ha triunfado en su matrimonio y en su carrera en el mundo del espectáculo, mientras que las otras dos se mueven a su sombra, sobre todo Holly (Dianne Wiest), que siempre está sin trabajo y sin dinero. En esta película se muestra cómo las vidas distintas en una misma fratría pueden provocar tensiones, aunque las hermanas estén muy unidas.

HOLLY: Me tratas como a una fracasada. Nunca has tenido fe en mis proyectos. Siempre has procurado que perdiera mi entusiasmo.

HANNAH: ¡No es así! No. Creo que siempre te he ayudado. He procurado... darte consejos sinceros y constructivos. Siempre estuve encantada de ayudarte económicamente. Y creo que hice más de lo que debía al presentarte a hombres solteros interesantes. No hay nada que yo...

HOLLY: ¡Perdedores! ¡Todos unos perdedores!

HANNAH: Eres demasiado exigente.
HOLLY: ¡Si siempre he sabido lo que pensabas de mí por el tipo de hombres que me buscabas!
HANNAH: ¡Estás loca! Eso no es verdad.
HOLLY: Mira, Hannah, ya sé que soy mediocre.[11]

Para empeorarlo todo, el marido de Hannah se enamora de su cuñada Lee (interpretada por Barbara Hershey). Sin embargo, tras un año agitado, las riñas familiares se apaciguan y todo vuelve a la normalidad. Y Holly se casa con el exmarido de Hannah, sin que nadie ponga ninguna objeción...

Aunque las novelas, las películas y las series están plagadas de historias semejantes de hermanas rivales que compiten por el amor de un hombre o por asegurarse una buena posición, a menudo la realidad supera a la ficción.

Rivalidad de famosos

Para las famosas actrices de los años cuarenta Joan Fontaine y Olivia de Havilland, la rivalidad se remonta a la infancia, cuando su madre las ponía en contra y se interesaba por una y después prefería a la otra. La rivalidad desembocó en violencia, dado que ambas deseaban al mismo hombre, el millonario Howard Hughes. Pero también se odiaban por el cine. Se enfrentaron por conseguir el papel de Melanie en *Lo que el viento se llevó*, que recayó en Olivia de Havilland y por el que obtuvo el Óscar a la mejor actriz secundaria.

Tres años después, cuando las dos hermanas fueron nominadas al Óscar a la mejor actriz, fue Joan Fontaine quien alzó la estatuilla. Olivia se acercó a felicitarla, pero la rechazó. No hubo piedad ni tregua.[12]

En el caso de la relación entre Jackie Kennedy y su hermana Lee Radziwill hay una mezcla de pasión, celos y rivalidad. Las dos hijas de Janet Bouvier se llevaban cuatro años. La mayor, Jackie, lo tiene claro: será rica y poderosa. Naturalmente, quiere a su hermana pequeña, Lee, con la condición de que se mantenga un poco alejada. ¿Y Lee?

> Lee está feliz por su hermana, le encanta verla triunfar en sus viajes oficiales, todos esos miles de personas que la aclaman. No, Lee no está celosa. Bueno, no del todo, solo un poco. Stas tiene razón; la vida de Jackie no es de color de rosa. No es libre ni tiene el cariño de su marido. Las dos lo han comentado en muchas ocasiones. Jackie está loca por Jack, que la engaña a más no poder. ¿Querría cambiar Lee su vida por la de su hermana? No, su vida no. Lo único que quiere Lee es ¡ser su hermana![13]

Desde que era pequeña, Lee quería parecerse a Jackie. ¿Que tiene unos kilos de más? No importa, lo único que tiene que hacer es fumar, le sugiere su hermana mayor, eso hará que adelgace. En la adolescencia, Lee se vuelve anoréxica.

Cuando se casa con el príncipe Radziwill y se convierte en princesa, cree que le ganará el pulso a su hermana. Pero menos de dos años después, Jackie llega a ser la primera dama de Estados Unidos, la esposa del hombre más poderoso del mundo, y lo único que puede hacer Lee es rendirse. Da igual lo que haga, jamás conseguirá ser como su hermana.

En 1962, Lee inicia una relación adúltera con el millonario Aristóteles Onassis. Al año siguiente, JFK es asesinado. Jackie está deprimida, Lee corre a su lado. Onassis también la visita.

Cuando, cuatro años después, el millonario invita a Jackie a su isla griega, Lee comprende lo que pasa. Su hermana le implora: «Lo necesito, Lee». Y Lee cede. Jackie irá siempre un paso por delante, tanto en el amor como en el dinero. De los 25 millones de dólares que Jackie heredará de Onassis, Lee no verá ni un céntimo. En su testamento, Jackie indica: «En este testamento no he concedido nada a mi hermana Lee B. Radziwill, por quien siento mucho cariño, porque ya le he dado todo en vida».[14] Al igual que los diamantes, la rivalidad y los celos son eternos.

Por suerte, también existen relaciones armoniosas entre hermanas famosas que dan menos que hablar pero que pueden servir de ejemplo. En Francia encontramos a Alexandra y Audrey Lamy, que son ambas actrices pero que jamás dejan de destacar su complicidad y su buena sintonía. Del mismo modo, las hermanas Berest, Anne (guionista y escritora) y Claire (escritora), han coescrito *Gabriële*,[15] la historia de su bisabuela Gabriële Buffet-Picabia, y comparten el éxito en el espacio literario.

Cuando eran pequeñas, Anne dirigía y organizaba. Era la profesora o la bibliotecaria. La menor se contentaba con hacer de alumna o ayudante. Claire se acuerda de esta distribución de papeles y de la admiración que sentía: «Anne era tan fantásica, tan libre y tan eficaz. Como si nada fuera imposible para ella». La relación se ha equilibrado. El protocolo de escritura conjunta es simple. Una empieza, la otra continúa. Ni celos ni equilibrio de poder. Claire explica: «No nos andamos con chiquitas. A veces, una dice: "Tendríamos que quitar esta frase". Y la otra contesta: "¡Pero si la escribiste tú!"».[16]

En *La postal*,[17] Claire escribe a Anne: «Creo que hemos sobrevivido a nuestras discusiones, a nuestras traiciones, a nuestras incomprensiones». El éxito de una no supone una amenaza para la otra... El secreto de la felicidad.

LAS MADRES Y SUS HIJAS

Primero se sienten plenas, después, vacías. Tal vez por esto a las madres les cuesta perdonar a sus hijas, por este distanciamiento de la carne que no cesa de amputarles una parte de ellas mismas. Hijas que, al crecer, las obligan a renunciar a su particular omnipotencia, las hacen perder un estatus que la sociedad valora y que hace que existan, aunque ellas prosperen en otros ámbitos aparte de la maternidad. La escritora irlandesa Edna O'Brien lo describe así:

> Más adelante, cuando el tiempo refresque y ellas regresen, el grito del guion de codornices atravesará estos mismos campos y sobrevolará el lago en dirección al halo azul de la montaña, un grito que percibe la soledad vespertina, la noche solitaria de las madres que dicen que no es culpa nuestra si lloramos, es culpa de la naturaleza, que primero nos hizo sentirnos plenas y después vacías. Es tal la ira de las madres, es tal el grito de las madres, es tal el lamento de las madres que no termina hasta el último día, hasta el último matiz azulado, las hormigas, el crepúsculo y el polvo de los mortales.[18]

Si la rivalidad entre las mujeres es ya un tabú, los celos de una madre hacia su hija constituyen un tabú dentro del tabú. Para muchos psicólogos es, no obstante, algo evidente: ¿cómo puede ver a su hija convertirse en una mujer sin remitirse a una conciencia clara del paso del tiempo, con los estragos en la vida y en el cuerpo?

En general, la rivalidad de las madres se expresa de manera sutil y encubierta, lo que crea en sus hijas una sensación nebulosa y confusa, ya que para ellas es impensable que su madre no esté de su lado y, además, se sienten queridas. Las madres tienen celos de sus hijas en la esfera que ellas valoran: la belleza, la inteligencia, el éxito... Y, de vez en cuando, procuran, imperceptiblemente, desalentar a sus hijas, hacerlas dudar de sí mismas, provocándoles cicatrices emocionales. De ahí la necesidad de identificar esta dinámica nefasta.

Algunas mujeres comparten clóset con sus hijas, lo que puede ser desconcertante. Esto es lo que nos cuenta Rose, 20 años, estudiante.

«Durante mucho tiempo, me he estado poniendo los sacos, los bolsos y los abrigos de mi madre. De vez en cuando protestaba, al principio, pero me di cuenta de que sentía una especie de orgullo. El año pasado, quiso que le prestara unos *leggins* de piel que me habían regalado por mi cumpleaños y, aunque está delgada, no le cabían. Eso la enfureció de una forma indescriptible, me hizo comentarios horribles, como: "No es justo, comes lo que te da la gana y no engordas ni un gramo. ¿Vomitas o qué?". Eso podría habérmelo dicho una amiga, pero me afectó muchísimo que mi madre se comparara conmigo, por lo que he necesitado tiempo para digerirlo. Después vino a disculparse y me explicó que era por las hormonas, pero hay algo entre nosotras que se ha roto. Comprendí que tenía que alejarme para vivir mi propia historia. Aún no puedo irme de casa por cuestiones económicas, pero he dejado de contarle mi vida privada. La sigo queriendo y admirando, pero debe comprender que es mi madre, no mi amiga.»

En la película de David y Stéphane Foenkinos *Algo celosa*,[19] Karine Viard interpreta a una madre que tiene unos celos enfermizos de su hija de 18 años e intenta sabotear la relación con su novio. El tono es sarcástico, pero la película pone el dedo en la llaga de una realidad que a veces se da. La rivalidad puede tener lugar cuando la hija llega a la edad adulta, como si tan solo una mujer pudiera ocupar el territorio, como si, al crecer, la hija empujara a su madre hacia la salida y la enviara de vuelta a su juventud y a su femineidad, como una señal de que ha llegado el momento de que le ceda el lugar.

Según el pediatra Aldo Naouri, algunas madres quieren que sus hijas sean sus clones. *A priori*, esto no afecta a sus hijos, que quedan al margen de esta decisión debido a su diferencia sexual.

Las relaciones entre una madre y su hija pueden abarcar muchos aspectos. Esta pareja simbólica que representan la madre y la hija, unidas en una relación simbiótica que excluye a terceros, necesita una pausa, una separación. Después de identificarse con su madre, la hija deberá despegarse de ella para construir su propia identidad.

Será a la vez una separación física y una forma de diferenciar su propio deseo, su propio placer, de salir a descubrir su propio cuerpo, sin la sombra de su madre, que era su único referente. Para ello es necesario que la madre acepte considerar a su hija no ya como una adolescente, sino como una mujer.[20]

La visión del psicoanálisis

Según la teoría de Freud, fundador del psicoanálisis, el niño pasa por distintas fases de desarrollo relacionadas con la sexualidad (fase oral, anal y fálica). Si se queda en una de estas fases, influye en la construcción de su personalidad y deja en su subconsciente vestigios que se manifestarán en la edad adulta. Es lo que nos explica Dorothée Besland, psicoterapeuta psicodinámica. En tiempos de Freud (1856-1939), nos dice, el papel de la mujer consistía básicamente en ser una buena madre y una buena esposa, dócil, entregada y maternal. En este contexto sociocultural, era la madre quien alimentaba, cuidaba y desarrollaba una relación emocional, pero también sensorial, con su hijo, que dependía por completo de ella. Su vínculo era simbiótico. Según Freud, la madre es el primer objeto de amor para la niña y el niño. Entre los 3 y los 6 años, durante la fase fálica, surgen respectivamente en el niño y en la niña, aunque de manera muy diversa, el complejo de Edipo y el complejo de Electra, de los que hemos hablado en el capítulo 2. Cuando la niña descubre que no tiene pene, está muy resentida con su madre y se aleja de ella para volcar toda su atención en el padre. Es el periodo de «quiero casarme con papá». La niña se convierte en una rival de su madre y entra en conflicto con ella, la figura con la que se identifica. Durante esta fase, la niña aprende y entiende poco a poco, por una regla no escrita, que no se casará con su padre y se alejará entonces de él para volver con su madre e identificarse con ella, como mujer deseada y ejemplo de femineidad. Esta fase de su desarrollo, durante la que la niña ha traicionado a su madre apartándose de ella, se gestionará más o menos bien y dejará huellas en su subconsciente.

Según esta teoría, un bloqueo en la fase fálica puede retrasar el desarrollo psicoafectivo del niño. Por ejemplo, un exceso de rivalidad con la madre puede llevar a que la niña, cuando sea adulta, perciba a todas las mujeres como posibles rivales, tanto en su círculo de amistades como en un entorno profesional. Si el padre ha estado ausente o ha mostrado muy poca autoridad, la relación simbiótica madre-hija puede seguir siendo demasiado intensa y hacer que la hija busque siempre el reconocimiento de su madre, repita o copie su historia, satisfaga los deseos de ella y oculte los suyos.

En la adolescencia, el complejo de Edipo/Electra puede reactivarse. La joven cambia, se feminiza y compara su cuerpo con el de su madre, que va envejeciendo, y con el de sus hermanas y amigas. Para construir su propia identidad sexual y social, la hija deberá alejarse de su madre. Puede rebelarse, oponerse a ella, y que la relación se vuelva francamente hostil entre las dos. En esta fase, la rivalidad es palpable y la relación suele ser pasional y ambivalente. Una joven ambiciosa, que necesite realizarse, puede así debatirse entre sus ganas de autonomía e independencia y su necesidad de una madre afectuosa.

Estos son los estragos, pues, de una infancia en la que la madre oprime demasiado o está demasiado ausente. El estrago materno, precisamente, el término que emplea el psicoanálisis para describir una relación madre-hija demasiado simbiótica y que pasará necesariamente por una fase de agresividad.

> ¿Quién no ha conocido, de cerca o de lejos, las turbulencias, la devastación de una relación entre una madre y su hija, entre una hija y su madre? ¿No está contaminado todo amor en algún lugar, o en algún momento, por una pasión de posesión y exclusividad, donde el ímpetu de un amor ilimitado puede tornarse en un odio mortal, y encontrar la calma en un cariño recobrado? Pero la relación de una mujer con su madre parece el terreno idóneo donde el hecho de estar en un cuerpo femenino pone en marcha todo tipo de tormentos entre ellas.[21]

A los escritores y los cineastas se les da bien elegir relaciones complicadas cuando quieren hablar de la relación madre-hija, pero la realidad aflora a menudo en el ámbito de la literatura. Nos maravillamos ante la lectura de *Madame Bovary*,[22] compartimos su aburrimiento, nos aflige la mediocridad de Charles, de la provincia, nos emociona el adulterio... pero ¿pensamos por un momento en la pequeña Berthe, hija de Charles y de Emma? Emma, que rechaza a su hija, la hiere y piensa: «Es algo extraño, [...] ¡qué fea es esta niña!». Emma Bovary es una madre ausente, nada afectuosa, una amante por encima de todo, que excluye a su hija en pro de su pasión. Tal vez no esté hecha para ser madre y no vea exactamente a su hija como una rival, sino más bien como una extraña que no puede haber nacido de su vientre.

La influencia de la madre

La madre «más mujer que madre» es una de las categorías de la tipología establecida por la psicoanalista Caroline Eliacheff y la socióloga Nathalie Heinich. En 2002, señalan que, si bien no todas las mujeres tienen hijas, todas tienen una madre, y que cuando las mujeres discuten entre ellas, suelen hablar de su madre. No obstante, en los inicios del nuevo milenio, las autoras sentían una gran frustración porque no encontraban investigaciones sobre el tema de las relaciones madres-hijas. El motivo, según ellas, tiene que ver con que, en los comienzos del psicoanálisis, Freud se basaba en los niños (en masculino) para explicar el complejo de Edipo. Decidieron, pues, escribir una obra sobre las relaciones madre-hija, que tanto abundan en la literatura y el cine. Al tratar el tema a través de la ficción, evitarían el escollo del tratado psicoanalítico o de la investigación sociológica sin matices. En su libro identifican varios tipos de madres: las madres superiores, inferiores, celosas, fallidas, explotadoras, etcétera. Pero, sobre todo, las madres que son «más madres que mujeres» y las que son «más mujeres que madres».

> Toda mujer que accede a la condición de madre se enfrenta a dos modelos de logros, que corresponden a aspiraciones que suelen ser contradictorias: madre o mujer; eslabón de un linaje familiar o individuo dotado de una personalidad concreta; dependiente o autónoma; respetable o deseada; entregada a los demás o dedicada al «programa constante de sus perfecciones personales», como diría la duquesa de Langeais (título de una novela de Balzac), o incluso procreadora o creadora. Desde luego, estos dos modelos pueden coexistir en una misma persona, una misma identidad, un mismo cuerpo. ¿De verdad elegimos ser solo madre o solo mujer? Sucede también que, en las diversas situaciones entre ambos extremos, algunas están en el punto medio o, mejor aún, consiguen adaptar su situación a las etapas de la vida. Pero muchas terminan, lo quieran o no, más bien —incluso considerablemente— de un lado o de otro: más madres que mujeres o más mujeres que madres.[23]

Madame Bovary es, por tanto, más mujer que madre, y su hija lo sufrirá porque no logrará hacerse querer. Por otro lado, la mujer «más madre que mujer» es muy maternal, casi asfixiante. Caroline Eliacheff y Nathalie Heinich citan como ejemplo la película *Bellissima*, de Visconti. La protagonista, Maddalena, proyecta su propio sueño cinematográfico y de gloria en su hija. El padre se queda al margen. Cuando las madres y sus hijas son simbióticas, la madre puede excluir al padre (o una imagen del referente paterno). Ahora bien, es fundamental que las hijas tengan otro modelo. La inexistencia de diferencias puede causar estragos.

> A la hija víctima de una madre demasiado afectuosa sencillamente le costará entender lo que le está pasando. Porque ¿cómo va a quejarse de que la quieran? Al dejar de otorgarle al «amor» una connotación por fuerza positiva, podemos empezar a admitir que las formas de relaciones reunidas bajo este término pueden ser tanto destructivas como constructivas. [...] Tradicionalmente, una hija se enamora de una pareja en función de la imagen que tiene de su padre. Pero se olvida de precisar que lo elige también en función de la madre que ha tenido. En cuanto al nexo con la maternidad, no será disociable de los lazos que mantiene con la madre. Como cualquier transmisión, [la maternidad] tiene sus éxitos y sus fracasos.[24]

Oigamos este relato revelador. Con 50 años, Ophélie, directora de recursos humanos, aún se estremece cuando recuerda los celos de su madre.

> «Todo cambió, creo, a los 15 años, cuando volvía de la estética. Me había hecho unas mechas rubias con el dinero que había

ganado trabajando de niñera. ¿Fue ese el comienzo simbólico de los desacuerdos entre mi madre y yo? Nunca lo sabré a ciencia cierta. Pero su actitud hacia mí cambió en ese instante; se volvió mucho más crítica y se alejó. Nunca hemos estado muy unidas, pero en ese instante sentí que no estaba para nada de mi lado. La ruptura fue repentina, por ambas partes, y muy violenta. Al comienzo de mi adolescencia, yo era más bien un "marimacho", luego quise dejarme crecer el pelo, en contra de la opinión de mi madre; fue mi primera rebelión. Una vez ganada esta batalla, a los 15 años, reclamé el derecho de perforarme las orejas. Un sacrilegio, según mi madre. Después me atreví, enfrentándome a su autoridad, a teñirme de rubia. Fue recibido como una declaración de guerra. Sin ser plenamente consciente, este acto supuso mi entrada en el terreno de la femineidad. La relación con mi cuerpo, con mi aspecto, con la seducción; todo eso llegó demasiado rápido para mi madre, tras años de llevar el pelo corto, jeans y tenis. Ya era más alta que ella, me parecía más a mi padre, alto y delgado. Esto coincidió también con mi salida del internado de chicas, donde el uniforme era obligatorio. Empecé primero de bachillerato en un instituto mixto, descubrí a los chicos y una nueva forma de estar en el mundo: elegía la ropa, llevaba el pelo largo y usaba un delineador negro para resaltar los ojos. Cuanto más plena me sentía, más fría estaba mi madre; comprendí mucho después que eso debía retrotraerla a su propia imagen, a la falta de confianza en sí misma, a su bonhomía que yo tanto odiaba, a su pelo corto y castaño que acabó aceptando tras una breve incursión en el terreno del color rubio, que no era para ella. Al no haber alentado jamás mi femineidad, decidió aposta mancillarla y denigrarla. Solo habría una mujer en casa. Sus intentos de acercamiento desembocaban en un mayor alejamiento. Comprendí que era una trampa para controlarme, para echar por tierra mi intimidad, mientras que yo asumía como podía los cambios que se producían.

»Frente a la actitud execrable de mi madre, me sentí muy sola y eso me provocó muchos conflictos. Porque no entendía nada. No podía considerar a mi madre una enemiga, alguien que despreciaba mi aspecto; no entendía dónde estaba mi culpa. Fue mezquino e injusto. Lo más difícil fue su intento de destrucción ante mi padre: no cesó de ponerlo en mi contra por medio de la manipulación, me convertí en una mala hija. Seguía sin entender este deseo de alejarme. Sacaba buenas calificaciones y era más bien sensata. Sus críticas denigrantes sobre mí no cesaron, desde mis 15 años hasta la universidad, y giraban mucho en torno a mi aspecto físico, con insinuaciones sexuales. Ella daba a entender que "acabaría mal", que iba camino de una sexualidad desenfrenada, aun cuando llevaba varios años con el mismo novio. Creo que, de manera inconsciente, hacía todo lo posible para no verme. No lo soportaba. El peso del cuerpo ocupaba todo el espacio entre nosotras. A ella no le gustaba su cuerpo y no podía aceptar que yo tuviera un cuerpo perfecto, según sus criterios. Una diferencia que me pasó factura de antemano.

»Sus celos se prolongaron hasta mi formación académica. No tenía ninguna ambición con respecto a mí, no tenía ningún interés por mis estudios, al tiempo que quería mantener el control de mi vida social, mi forma de vestir, etcétera. El ambiente se volvió tan enrarecido que tuve que irme; si no, los conflictos habrían acabado con nuestro vínculo. Mi padre estaba "bajo su influencia" e incluso me escribió una carta donde me decía que no podía ser su hija, que ya no me reconocía. Eso fue la gota que colmó el vaso. Decidí irme de casa y arreglármelas sin su ayuda, pero con el apoyo de una mujer formidable: mi abuela paterna. Esta historia ya ha quedado atrás, entendí que mi madre tan solo había reproducido un patrón que había sufrido con su propia madre, quien había preferido a sus hijos y no dejó de menospreciarla, tanto sobre su físico como sobre su intelecto. También decidió, a los 19 años, irse de casa.»

Es necesario distanciarse de la madre para existir como hija. En sus novelas, Marguerite Duras examina la complicada relación con su madre. En *Un dique contra el Pacífico*,[25] cuenta cómo se libra del control de su madre cuando esta muere: «Eso era lo importante: había ante todo que librarse de la madre». En *El amante*,[26] es la llegada de un hombre a la vida de la hija la que pone fin al poder de la madre. Y la separación de la madre se remata con la muerte del hermano pequeño: «El hermano menor murió de una bronconeumonía en tres días, el corazón no resistió. Fue entonces cuando dejé a mi madre. [...] Aquel día todo terminó. [...] Para mí murió de la muerte de mi hermano pequeño. Igual que mi hermano mayor. No superé el horror que, de repente, me inspiraron». Al escribir, se separa de su madre de forma definitiva.

En su novela *La Noce d'Anna*,[27] Nathacha Appanah resume de manera desgarradora el miedo a la maternidad que, sin embargo, la define:

> Me he pasado la vida temiendo por mi hija, temiendo no saber criarla, temiendo que se pase la vida criticándome, temiendo que sea muy distinta a mí, temiendo que se pa-

rezca demasiado a mí, temiendo ser demasiado yo misma, temiendo decepcionar, temiendo no amar más, no saber amar más, que no me amen más. Creo que, si un día me pidieran que resumiera mi maternidad, sería con ese sentimiento: el miedo. Tanta responsabilidad, una vida en tus manos, te das realmente cuenta cuando das la vida, piensa en esto por un instante: el peso de una vida acompañada de sus éxitos, de sus fracasos, de sus actos fallidos, una vida que añadimos a la nuestra, como si nuestra vida, nuestra perra vida, no bastara.

¿Cómo es ser madre de hijas? Le hemos pedido a la bloguera francesa Serial Mother,[28] que sabe del tema, que nos dé algunos consejos. Nos ha aportado el siguiente recuadro.

Ser madre de una hija (y sobrevivir)

- Decidir tener un hijo, engendrarlo, estar embarazada, planear cosas con este bebé incluso antes de su primer llanto, conocer su sexo y descubrir que eres madre de una niña: la hermosa aventura.
- Ser madre de un ser del mismo sexo que tú.
- Aunque es genial en muchos aspectos, a veces no lo es tanto.
- Dicen que «una hija está más unida a su madre», pero también se dice que «una hija puede competir con su madre». Se dicen muchas cosas. Nos equivocamos.

– Ser madre de una hija es todo a la vez. Es enseñar, pelearse, hablar de las copas de los brasieres, de chicos, del cuerpo, de derechos, de ambición, de moda. Entonces, ¿cómo sobrevivir?

1. **Técnica de la «mejor amiga»:** se desaconseja mucho esta técnica ya vista aquí y allá (y, sobre todo, allá). No se comparten ni los chicos ni las tangas. Evitaremos decir que «mi hija es mi mejor amiga». Resulta extraño porque existías antes que tu hija, tus amigas son otras, y tu hija, por muy fantástica que sea, no DEBE compartir TODO contigo.
2. **Técnica de «ella siempre será mi bebé»:** pues no. Ya no. Esa bebita de 3.234 kg y que midió 50 cm ha crecido con el tiempo. ¿No te has dado cuenta? Quién diría que este bebé mide 1.65 m, está en la universidad e incluso tiene novio. Déjala respirar y respirarás más también tú.
3. **Técnica de «me da igual»:** esta técnica, que consiste en dejar que tu hija haga lo que quiera desde los 12 años, no la recomienda un grupo de expertos formado por mí. Un hijo, sobre todo una hija, necesita un entorno y una madre que demuestre que está ahí, que sea un ejemplo. Sé ese ejemplo o intenta convertirte en él.
4. **Técnica de «pregúntale a tu padre»:** aunque esta técnica funciona bien cuando el niño tiene 3 años y pide un caramelo, se desaconseja cuando tu hija tiene 12 años y quiere hablar contigo de reglas, tampones y sexualidad. Ser madre de una hija es

asumir que tendrán que hablar de lo que significa ser mujer. Vaya que sí.

5. **Técnica de «tú jamás serás tan buena como yo»:** esto está PROHIBIDO. En esencia, el mensaje que debes transmitir a tu hija es «lo conseguirás, eres la mejor, eres inteligente, eres divertida, eres guapa». Y si ella dice «pero nunca estaré a tu altura», respóndele que está muy por encima de ti (¡o bien saca un metro para medirte!).

JESSICA CYMERMAN, alias Serial Mother

Cuando las hijas son maltratadoras

Se puede criticar hasta el infinito a las madres tóxicas, simbióticas, ausentes, celosas, rivales. Pero es justo reconocer que algunas hijas son ingratas y algunas madres son maltratadas. En su *Lettre d'amour sans le dire*,[29] Amanda Sthers narra la historia de Alice, una madre soltera maltratada por la vida. A los 48 años, Alice, que era profesora de francés y que lo único que deseaba era la felicidad de su hija, terminó por olvidarse de sí misma. Se fue a vivir a París por decisión de su hija, que estaba a punto de ser madre. La hija se avergonzaba de su madre porque creía que, en comparación con su marido y sus suegros, era aburrida, y esto hizo daño a Alice: «Parece que ahora mi hija sabe lo que cuestan las cosas, pero ha olvidado el valor de lo esencial». Son muchas las madres sacrificadas que lo dan todo para que sus hijos conozcan una vida mejor que la suya. Es el caso de Fantine en *Los miserables*, de Victor Hugo,[30] o de Smita en *La trenza*, de Laetitia Colombani.[31] Las madres jamás tendrían que sacrificarse, o de lo contrario se despertarán una mañana y se darán cuenta de que, pasado ese límite, su boleto ya no vale...

> Todas las infancias almibaradas me invadían. Iba a convertirme en abuela y me estaba dando cuenta de esta alegría atroz que era demasiado, me llenó de sensiblería y sentí miedo y dolor. Estaba furiosa. Me asqueaba. Me pregunté dónde había ido a parar mi vida que no me atrevía a empezar. Aún tenía el boleto para dar una vuelta en el carrusel, que giraba y giraba sin que pudiera subirme; y he aquí que la noche empezaba a caer, que el carrusel reducía la velocidad y que el parque se volvía a cerrar sobre mí.[32]

De vez en cuando, la reivindicación proviene de las hijas. En *Una gata ardiente*,[33] película de culto de los años ochenta, Chris, una joven manipuladora de 18 años, intenta seducir a Romain, el *playboy* de la playa. Sin embargo, él está más interesado por Claude, la madre de Chris. La joven no puede soportarlo. Una noche, cuando Claude se prepara para encontrarse con Romain, Chris presiente que su madre la ha suplantado y saca el armamento.

—¿Mamá?
—Sí.
—¿Recuerdas lo que me preguntaste la otra noche? Que tenía que decirte cuando llegara el momento de...
—¿De sentar la cabeza?

—Sí.

—Lo recuerdo. ¿Y qué?

Chris la mira con unos ojos grandes y límpidos.

—Creo que ha llegado el momento —dijo.[34]

MADRASTRAS Y SUEGRAS

De la mala madre a la madrastra

La rivalidad con la madrastra suele estar bien vista. ¿Cómo se puede querer a quien suplanta a la madre en el corazón del padre sin sentirte traicionada? Todo depende, claro está, de las circunstancias. Si la ruptura fue amarga, si el divorcio fue turbulento, si la madrastra fue la amante del padre antes de convertirse en su esposa..., son demasiados agravios clavados como espinas en el corazón de las hijastras, que ven a su madrastra como a una enemiga. Puede ocurrir que, pese a todo, estas mujeres se lleven bien e incluso se quieran. Es posible que las hijas acepten la situación y se adapten porque ven a su padre feliz y enamorado. Y a poco que la madre esté feliz por su parte y que la madrastra sea amable, puede haber una cierta armonía.

Desde el punto de vista de la madrastra, la rivalidad puede ser más palpable. Esto es lo que nos cuenta Sonia, 48 años, decoradora de interiores.

«Cuando conocí a Phil, hace diez años, los dos acabábamos de divorciarnos. Yo tengo un hijo y él una hija, y no nos planteamos tener un hijo juntos; ya era bastante estrambótico así, entre las custodias compartidas, las crisis de adolescentes y nuestros respectivos trabajos. Solo queríamos disfrutar de nuestro amor, que nos brindaba una segunda oportunidad. Nuestros hijos se llevan un año y enseguida hicieron buenas migas, lo cual ya es algo. Mi hijo tenía 14 años y mi hijastra 15 cuando nos fuimos a vivir juntos. Me da vergüenza admitirlo, pero al cabo de poco empecé a ver a la hija de mi pareja como una rival. Era una trepadora, una mosquita muerta que fingía ser una hijastra modelo delante de mí e intentaba debilitar mi relación con su padre a mis espaldas. Decía que no había recibido mis mensajes, metía en la lavadora mis prendas de cachemira, me robaba dinero con regularidad, criticaba mi forma de cocinar y mi alimentación, y tergiversaba mis palabras y se quejaba a su padre..., que siempre daba la cara por su princesa, lo cual me ponía furiosa y nos distanciaba. Durante dos años, traté de hacer la vista gorda con las artimañas de esta pequeña hipócrita. Y luego, un día, tuvo un problemón en el instituto: casi la expulsan. Intercepté un correo en el que convocaban a los padres y hablé con ella. Se puso a llorar. La acompañé al instituto alegando que mi marido estaba de viaje, al igual que su exmujer (como así era en el caso de esta última), y lo solucioné. Al salir de allí, mi hijastra me dio las gracias y me pidió perdón por su pésima actitud. Entendió que yo no era su enemiga y, de un día para otro, dejó de lado sus maquinaciones y sus objeciones. Su padre no entendió nada, piensa que todo se ha resuelto por una simple cuestión de madurez. Sin embargo, ese secreto entre nosotras ha marcado el fin de nuestra rivalidad y es la garantía de mi tranquilidad.»

Las relaciones entre padrastros y madrastras e hijastros tienen un interés particular para la psicología evolucionista. En 1973, una teoría sobre el vínculo entre los padrastros y las madrastras y los niños maltratados dio nombre al fenómeno llamado «el efecto Cenicienta». El psiquiatra P. D. Scott, basándose en casos de bebés que murieron a golpes, señaló que los niños tenían más probabilidades de ser víctimas de sus padrastros y madrastras que de sus padres biológicos. Según la teoría evolucionista, «las investigaciones relativas al comportamiento social de los animales explican por qué es de esperar que los padres den muestras de discriminación en sus cuidados y afecto, y, más concretamente, que den muestras de discriminación en favor de sus propias crías».[35] Ya sea debido a un vínculo de apego insuficiente o a una falta de apoyo económico al niño, el efecto Cenicienta señala a los padrastros y las madrastras.

A pesar de eso, no todas las madrastras son malas madres. ¿Quién no ha soltado una lagrimilla con la película *Quédate a mi lado*?[36] La exmujer y sus hijos odian profundamente a la nueva pareja del padre, pero cuando aparece la enfermedad los adultos se ayudan mutuamente por el bien de los hijos. Presenciamos cómo aparecen buenos sentimientos, aunque sea con cuentagotas, que nos aportan una visión tranquilizadora de las familias versión 2.0.

La sociedad cambia y las parejas que duran mucho juntas son minoritarias. Por lo tanto, las madrastras y las hijastras tienen que adaptarse a nuevos núcleos familiares y a nuevas relaciones. Las familias reconstituidas felices abundan en las películas de Woody Allen, desde *Hannah y sus hermanas* hasta *Todos dicen «I love you»*. Muestran una visión moderna y divertida de las parejas de hoy en día.

La suegra y su nuera

Al examinar la figura de la suegra, sea madre del marido o del novio, nos encontramos con una situación más virulenta. A la suegra, la precede su mala fama (dominante, malvada, posesiva), mientras que rara vez se arremete contra la figura del suegro.

En una obra colectiva, la historiadora Yannick Ripa[37] se interesa por la figura de la suegra, que ha sido caricaturizada hasta al extremo. Se trata de una reparación necesaria que nos permitirá mejorar la relación y aligerar el peso de siglos de estereotipos. La suegra estereotipada plantea la cuestión del poder: en el pasado, cuando la suegra vivía a menudo en la misma casa que su hijo, los hombres tenían la ventaja de poner en práctica la estrategia de «divide y vencerás», que enfrentaba indirectamente a las mujeres entre sí. «Para adueñarse de parte del poder perteneciente a los hombres, ellas compiten como madre, esposa o suegra, y están obligadas a derribar a otra figura femenina.» Así, la una aferrada al brazo de su querido hijo, la otra aferrada al brazo de su adorado marido, cada una defendía su lugar y el poder que conllevaba. Es preciso remontarse atrás en el tiempo para comprender lo que implica el acceso al poder:

> Si las mujeres se enfrentan, no es debido a sus relaciones o porque la costumbre quiere que las suegras maltraten a su nuera; esta situación tiene que ver con la estructura del harén y la naturaleza del poder. La lucha es una cuestión de supervivencia política: hay que conseguir y conservar el mejor puesto en la corte. Cuando, en el siglo XIX, la su-

cesión ya no se producía de padres a hijos, sino mediante la agnación, el marco de la rivalidad femenina cambió. La madre ya no tenía que desconfiar de la favorita, sino de la madre y las nueras del presunto heredero, hermano o sobrino del soberano. En esta circunstancia, a las suegras y a las nueras les interesaba mucho aliarse para promover a su príncipe contra la coalición femenina contraria de otro harén.[38]

En el siglo XX, con la aparición de la familia nuclear, el papel de la suegra cambia y queda relegado a un segundo plano. Se convierte en *persona non grata* y corre el riesgo de suponer una carga económica para el hogar. Sin embargo, parece que el arquetipo de la suegra sigue vigente. En el subconsciente colectivo, aún es una persona entrometida, controladora y despreciativa con la nuera, el «añadido a la familia». Según Yannick Ripa, el yerno puede percibir a su propia madre como un peligro, ya que si ella y su mujer forman una posible coalición le hacen perder su autoridad. En cuanto a las nueras, a veces deben aceptar los términos de una guerra de poder que no habían previsto.

En una columna publicada en su blog,[39] la periodista y escritora Shoba Narayan sintetizó muy bien el problema:

> Dos mujeres que quieren al mismo hombre no es la receta de la amistad. No estoy hablando de relaciones extraconyugales ni de bigamia, sino de la relación entre suegra y nuera. En la India, donde vivo, esta relación incomprendida y calumniada domina la psique colectiva. Es el ma-

terial de las telenovelas y es un tópico emocional como el de la suegra en Occidente...

Al pie de la letra: suegras en acción

Las suegras caricaturescas aún tienen un futuro brillante por delante. He aquí una antología de comentarios de suegras (recopilados en nuestro entorno).

- «Al oír balbucear a mi hija de seis meses: "Tengo muchas ganas de que diga 'abuelita' y 'papá'".»
- «Deberías prestar atención a tu figura; en nuestra familia, los hombres siempre han tenido aventuras.»
- «¿Estás a dieta? Tienes suerte, yo no consigo ganar ni un gramo...»
- «Mi hijo es el hombre de mi vida.»
- «Jamás cocinarás como yo, ni lo intentes.»
- «Te lo digo de mujer a mujer, es mejor que lo sepas: antes de ti, ha habido muchas mujeres; no veo por qué debería dejar de haberlas.»
- «Mi nieto se parece a nuestra parte de la familia. Por desgracia, tu hija se parece a la tuya.»
- «Si le pidiera a mi hijo que eligiera entre tú y yo, te llevarías un chasco, pobrecita.»
- «Mi suegra lloró cuando di a luz porque su hijo y yo no quisimos ponerle el nombre que había elegido para nuestra hija.»

Un estereotipo cultural

Muchos investigadores consideran el desacuerdo entre suegra y nuera como una construcción. Según la socióloga Deborah Merill,[40] se trata de un mito. «Algunas nueras, aunque se lleven bien con su suegra, conocen el estereotipo y no hacen referencia a su buena relación, lo cual mantiene el mito [de la suegra terrible].»

Sylvia Mikucki-Enyart, investigadora de la Universidad de Wisconsin-Stevens Point, que ha llevado a cabo un estudio sobre las relaciones de las nueras con sus suegras, señala que se produce una especie de profecía autocumplida. «En el imaginario colectivo, todos esperan que la nuera no quiera a su suegra y que le parezca dominante.»[41] Como resultado, se observan con recelo desde el principio y saltan a la primera de cambio.

La psicóloga estadounidense Madeleine Fugère cree que si nuera y suegra comparten una misma visión sobre la educación de los hijos, la relación es más fácil. Christine Rittenour y Jody Kellas, investigadoras de la Universidad de Virginia Occidental y de la Universidad de Nebraska-Lincoln, han observado que los roces solo aparecen cuando la nuera «se siente cuestionada en su papel de madre o esposa, o considera que su suegra es demasiado dominante e intenta controlar en exceso a la familia».[42]

Existe otra explicación a esta rivalidad, que se circunscribe a una perspectiva evolucionista. Según un estudio efectuado por investigadores de la Universidad de Groninga, en los Países Bajos,[43] existe una disensión entre tu elección de pareja y la que tus padres imaginan para ti; mientras que tú la eliges en función de su físico (criterios genéticos), tus padres se centran más en criterios culturales y económicos (estudios, clase social y nivel de vida).

Otro estudio,[44] llevado a cabo por dos científicos, Michael Cant, de la Universidad de Exeter, y Rufus Johnstone, de la Universidad de Cambridge, va más allá y plantea la hipótesis según la cual la menopausia (que solo afecta a tres especies: los seres humanos, las orcas y las ballenas piloto) se debe a la evolución y la existencia... ¡de la nuera! Plantean que esta última, encargada de la transmisión genética de la familia, acaba con el papel reproductivo de su suegra, lo que asegura su enemistad para toda la eternidad.

En algunas culturas más tradicionales, el estereotipo de la suegra es distinto y su papel suele ser beneficioso para la esposa. Yi Zhang, investigadora de la Universidad de Suffolk, en Boston, revela que una tercera parte de las esposas chinas viven con su suegra (frente a un 4 % de los maridos). «En un estudio efectuado en el Tíbet, Sharmila Shrestha, de la Universidad Metropolitana de Tokio, ha [...] demostrado que cuanto mejor es la relación con la suegra, menos ansiedad tienen las madres jóvenes. La probabilidad de padecer una depresión posparto también es menor, según los trabajos de la psicóloga china Peixia Shi y de sus colaboradores.»[45]

Las suegras pueden, asimismo, apreciar a sus nueras, usarlas como confidentes, incluso consultarlas para arreglar un vínculo un poco débil con su hijo. Y algunas nueras proyectan en su suegra los problemas no resueltos con su madre, a veces de forma inconsciente.

Frederica, 32 años, perdió a su madre cuando tenía 18 años. Cuando se fue a vivir con Julien, empezó a mostrar una actitud muy agresiva hacia su suegra, que era encantadora con ella.

«Inconscientemente, me dio la impresión de que estaba traicionando a mi madre al sentirme unida a la madre de Julien. Fui bastante desagradable con ella y hoy me arrepiento. Un día en que le reproché el modo en que se comportaba con mi hijo recién nacido, me dijo de manera muy delicada: "¿Sabes? Jamás sustituiré a tu madre, es imposible, pero podemos intentar querernos". Esta frase fue un punto de inflexión y ahora la considero una amiga. Es una mujer fantástica de verdad.»

Consejos para las nueras

Cuatro consejos para las nueras

Si tu suegra es de la vieja escuela, asegúrate de:

1. Poner límites.
2. Ser educada, pero no sumisa.
3. Aceptar los consejos, pero no las órdenes.
4. No pedir a tu pareja que intervenga. Podría haber un conflicto de lealtad.

Todo es cuestión de práctica. No seas sumisa, sino más bien curiosa, manteniendo tus límites. Como todo ser humano, tu suegra está llena de matices y complicaciones. Evita reducirla a algunas cualidades caricaturescas. La estrategia de la generosidad (por ambas partes) puede obrar milagros.

Consejos para las suegras

Por parte de la suegra, la pacificación de las relaciones madres-hijas pasa por comprender los problemas y los entresijos de la maternidad. Es normal que, cuando un hijo se separa de su madre para estar con otra mujer, cueste superar la ruptura. Quizá la clave para la suegra es aceptar que puede ser una madre simbiótica y, a la vez, dejar ir. Y aprender a no considerar a la pareja o a la mujer como una competidora.

Consejos para las suegras

1. Halagos: elogia.
2. Regalos: haz regalos.
3. Consejos: no des consejos.
4. Críticas: no hagas críticas.

En conclusión, para desdramatizar, ve la película *La madre del novio*,[46] con Jane Fonda y Jennifer Lopez. Ya verás, ¡no estás sola!

4
RIVALIDAD Y AMISTAD

> Volví a sentirme humillada por la capacidad de escribir de Lila, por lo que ella sabía plasmar y yo no; se me empañaron los ojos. Claro que me alegraba de que ella fuera tan buena sin haber ido a la escuela, sin los libros de la biblioteca, pero esa alegría me hacía culpablemente infeliz.[1]
>
> *La amiga estupenda*, ELENA FERRANTE

Para escribir este capítulo, hemos entrevistado a mujeres de todas las edades y todas las clases sociales. Al principio, las respuestas eran unánimes: la amistad es una alegría de vivir, un cariño necesario en una vida diaria no siempre de color de rosa. Las palabras empleadas eran más que positivas: «Somos amigas desde la infancia»; «Nos conocimos en la universidad»; «No sé qué haría sin ella»; «Nos lo contamos todo»; «La adoro»; «Es mi modelo a seguir»; «Es tan buena, tan guapa»; «Sabe todo de mí»; «Puedo llamarla a cualquier hora de la noche»; «Los novios pasan, las amigas se quedan»...

Más adelante, nos atrevimos a plantear la cuestión de la rivalidad. Algunas respondieron ofendidas: «¿Estás loca? La quiero demasiado para ser rivales; la verdadera amistad es sincera, no falsa».

Está bien.

Zoé, una treintañera, reflexionó un rato y luego soltó: «Me da un poco de vergüenza admitirlo, pero a veces habría preferido que no se casara, porque nos vemos menos, no me gusta su marido, las cosas cambian y, cuando una está casada y la otra soltera, eso cambia la dinámica...».

Cuando se le preguntó por el cambio, otra mujer, Céline, 24 años, nos contó: «Es fácil, somos amigas desde el kínder, tuvimos nuestros primeros novios en la misma época y nuestro primer trabajo al mismo tiempo, pero ahora el hecho de que mi mejor amiga se haya ido a vivir con su novio es una especie de traición».

«Yo he conocido la traición —nos dijo Élisa, 45 años—. Pero fue mucho peor, un auténtico revés para la amistad.»

Traición. Se puso la palabra encima de la mesa. Es una palabra fuerte, que vuelve a aparecer varias veces durante los relatos de los testimonios, donde se constata que las amistades femeninas suelen ser simbióticas. Se trata de auténticas pasiones, en el sentido etimológico del término; *patior* significa 'sufro' en latín. Así pues, en la amistad se quiere, se sufre y a veces llega un momento en que nos sentimos traicionadas. Si analizamos los diversos orígenes de la traición, la rivalidad tiene, casi siempre, un papel privilegiado. Somos amigas para toda la vida, pero cuando llega el momento fatídico en el que a la amiga le van mejor las cosas, en el que hace lo que te hubiera gustado hacer, la situación se vuelve insoportable. Si ella conoce a alguien mientras tú estás soltera, si ella triunfa de tal modo que te sientes muy por detrás de ella, la traición se vuelve aún más dolorosa porque puedes sentir que compiten por un hombre.

HISTORIA DE LA AMISTAD FEMENINA

Las amistades femeninas han existido siempre, pero su representación tardó en llegar a nosotros. Incluso en el siglo XX, en *Una habitación propia*,[2] publicado en 1929, Virginia Woolf observa que la amistad femenina no existe en la sociedad de su época.

> «A Chloe le gustaba Olivia...», leí. Y entonces me di cuenta de qué inmenso cambio representaba aquello. Era quizá por primera vez que en un libro a Chloe le gustaba Olivia. A Cleopatra no le gustaba Octavia. [...] El único sentimiento que Octavia le inspira a Cleopatra son los celos. ¿Es más alta que yo? ¿Cómo se peina? La obra quizá no requería más. Pero qué interesante hubiera sido si la relación entre las dos mujeres hubiera sido más complicada.

Por su parte, la autora e historiadora Marilyn Yalom y la escritora Theresa Donovan Brown han analizado la evolución de las amistades femeninas desde la Biblia hasta *Sex and the City* y nos muestran cómo las amistades están relacionadas con los movimientos sociales y culturales históricos.[3] Con la alfabetización, las mujeres empezaron a frecuentar los salones literarios y a conocer sus aficiones. Con el pretexto de la literatura, interesarse en los mismos libros les permitía reunirse y descubrir una historia común, una conexión intelectual y emocional.

Mientras su papel se circunscribía a la esfera privada, las mujeres no tenían tiempo libre para entablar amistades, ya que estaban demasiado ocupadas con el bienestar de su familia para preocuparse por el suyo. Sin embargo, el cine y la literatura de hoy en día nos permiten entender mejor la amistad femenina. Nos maravillamos ante la tierna amistad que comparten Idgie y Ruth en *Tomates verdes fritos*, de Fannie Flagg;[4] disfrutamos con los lazos que unen a Aibileen y Minnie en *Criadas y señoras*, de Kathryn Stockett;[5] nos asustamos por la ambivalencia de los vínculos entre Lila y Elena en *La amiga estupenda*, de Elena Ferrante;[6] nos identificamos con las protagonistas de *Sex and the City*, de Candace Bushnell;[7] nos sentimos nostálgicas al leer la historia de Marie y Léa en *Les Inséparables*, de Marie Nimier.[8]

¿Cuáles han sido los momentos más favorables para las amistades femeninas?

> El periodo que va desde 1890 hasta 1920 fue especialmente propicio para el desarrollo de las relaciones de amistad, sobre todo para las mujeres de la nueva clase media que, al entrar en el mundo laboral, adquirieron una cierta autonomía económica y social [...]. Pero —y no es casualidad— fue también el momento en que se organizó

> la represión de esas amistades. Cuando las mujeres consiguieron el derecho a estudiar e incorporarse a una profesión, se vieron presionadas, paralelamente, a dedicarse ante todo a la relación matrimonial y a la vida privada conyugal y familiar [...]. En este contexto, las relaciones de amistad entre las mujeres podían ser vistas como parte de una conducta desviada; la represión más virulenta que sufrieron, a finales del siglo XIX, fue el tratamiento médico del «lesbianismo» [...].[9]

Los libros antes mencionados nos ponen frente al espejo y nos instan a hacer una introspección necesaria: ¿qué clase de amigas somos? ¿Cómo podemos evitar los celos y la traición? En la actualidad, somos sumamente afortunadas de disponer de libros y películas que determinan lo que nos atormenta. La amistad entre los hombres es objeto de numerosas obras: todo el mundo puede citar a Montaigne y La Boétie, «porque era él, porque era yo», o conmoverse, en la *Ilíada*, por los lazos que unen a Aquiles y Patroclo.

A lo largo de los siglos, las mujeres han cambiado su ideal de amistad y le han dado una intensidad emocional profunda. Yalom escribe que, en muchos aspectos, «la verdadera amistad no es tan distinta del verdadero amor».

> En la cultura actual, los lazos de amistad femenina se consideran una obviedad. La sabiduría tradicional nos dice que las mujeres son más sociables, más empáticas y más «amistosas» que los hombres. Pero hace tan solo algunos siglos, la idea de la amistad femenina se ignoraba

por completo, incluso se denigraba. Desde los griegos y los romanos, las mujeres se consideraban «más débiles» que los hombres y constitucionalmente incapaces para la amistad al más alto nivel. Solo los hombres, según este razonamiento, poseían la profundidad emocional e intelectual para entablar y mantener relaciones significativas.[10]

Amistades necesarias y honestas

La amistad es, sin duda, la línea de defensa más poderosa contra la rivalidad. Basta con observar a dos o tres mujeres sentadas en una cafetería, o acurrucadas en un sofá, ajenas al mundo que las rodea, para entender esta relación especial. Las mujeres hablan sin ton ni son, se ayudan mutuamente, se lo explican todo, cuentan las unas con las otras a nivel emocional, pueden pasarse dos horas al teléfono narrando con detalle su día a día, expresando en palabras sus emociones y sus sentimientos.

Según Yalom y Brown, esto es lo que rige las amistades femeninas:

- el afecto y la ternura,
- la autorrevelación, compartir secretos,
- el contacto físico de cariño y calor,
- la interdependencia,
- el deseo maternal, amistoso y altruista de ayudarse mutuamente.

Cuando la amistad es profunda, obra milagros. Nos enteramos así de que, sin su amiga María Luisa, marquesa de la Laguna, que la dio a conocer en la corte, la poesía de la mexicana sor Juana Inés de la Cruz sería desconocida. Es también gracias a su amiga Sophie Grandchamp, quien la sacó de la cárcel de forma clandestina, por lo que han llegado hasta nosotros las *Mémoires de Madame Roland* sobre la Revolución francesa.

«Con la incertidumbre que rodea el matrimonio, es probable que las amistades ofrezcan formas de apoyo que antes las mujeres habrían encontrado en su familia», dicen Yalom y Brown. No obstante, mantienen un cierto misterio en torno a la amistad femenina, definida como «la unión de almas similares». Almas gemelas. Así se definen las cuatro amigas de *Sex and the City*: «Quizá nuestras amigas sean nuestras verdaderas almas gemelas y los hombres solo gente con quien divertirnos».

Una relación de claroscuros

Según el *Diccionario del estudiante* de la RAE, la amistad es una «relación de afecto y confianza personal, que nace y se fortalece con el trato y no está basada en los lazos familiares o sexuales». Y, sobre todo, a diferencia del amor, existe la necesidad de reciprocidad. Se puede estar enamorado de alguien de forma unilateral, pero, para ser amigas, ambas partes deben estar implicadas. A veces de manera pasional. ¿Es la amistad una pasión? «Sin duda, pero una pasión tranquila. Posesión, fidelidad... con o sin matrimonio, el amor conyugal incita a las parejas a firmar un contrato, cuya primera condición es la exclusividad. La amistad carece de estas exigencias.

Los celos, desde luego, pueden tener cabida, pero la mayoría de las veces son inoportunos: los niños protestan cuando su "mejor amigo" juega con otros, pero enseguida aprenden a integrar esta realidad. Ante todo y mucho más que el amor, la amistad es una unión libre.»[11]

A priori, debemos, pues, alegrarnos por nuestra mejor amiga y desearle lo mejor. Entonces ¿por qué, sin que sepamos explicarlo muy bien, entra en escena la rivalidad? Claro está, como en todas las relaciones, hay momentos en los que somos más débiles, más humanos. Pero ¿podemos ser amigas sin tener que pasar por estos momentos inevitables de malestar, estas tensiones creadas por el «éxito» de una y el «fracaso» de la otra?

Valérie, decoradora de 31 años, ha aceptado contarnos lo que para ella fue «una vergüenza».

> «Cuando Maria, mi mejor amiga, me anunció que, tras ocho meses de negociaciones, había conseguido al fin un puesto como directora de una galería, no supe qué pensar ni cómo explicar lo que me pasaba por la cabeza y tuve una reacción violenta...
>
> »Paralelamente a su búsqueda de empleo, Maria también puso en marcha, "por si acaso", un "pequeño" taller de escritura en línea (hablamos del tema, yo no creía mucho en eso) y ese mismo día celebró sus trescientos suscriptores. ¡Increíble! Mientras abrazaba a una sonriente Maria y la felicitaba, un sinfín de pensamientos vergonzosos me asaltaron: ¿cómo podía haber conseguido semejante puesto una mujer como ella, por lo general tan mal organizada? Y esos tacones, la verdad, ¡estaban súper fuera de lugar! ¡Por Dios, me sacaba de quicio!

Con un nudo en la garganta y las mejillas rojas de la vergüenza, me di cuenta de que su éxito me dolía. Fui incapaz de alegrarme por ella. De hecho, me sentí sola y una inútil, como si ella me hubiera abandonado. Se supone que no debería haber sido así.

»Objetivamente, sabía que se merecía ese puesto. Me paré a reflexionar. ¿Por qué su éxito me producía semejante efecto? Yo tenía un novio estupendo. En un mes iba a ser propietaria de un departamento de una recámara y me encantaba lo que hacía. Soy decoradora. Y así es como nos conocimos, Maria y yo, hace más de diez años, en un curso de trampantojos, y desde entonces es una amistad sana. Siempre hemos hablado por teléfono hasta tarde, platicamos durante horas, para disgusto de mi novio, y nos lo contamos todo. Pero ahí, ante esa nueva situación, Maria parecía tan segura de sí misma, una auténtica "campeona", sin complejos, con resolución y triunfadora... eso me sacaba de mis casillas. Empecé a verla menos que antes, se me revolvía el estómago cada vez que me contaba lo que le estaba pasando. Además, conoció a un coleccionista de objetos de arte con quien se estaba viendo. Me sentía una fracasada a su lado. Las comidas se convirtieron en cafés a toda prisa. Encontraba mil excusas para evitar verla, no respondía a sus llamadas, salvo por un par de chistes que recibía y que devolvía con emoticones. Eso sí, me pasaba el día en el teléfono con otras amigas, como si quisiera demostrarme que podía vivir perfectamente sin Maria. Al final, después de insistir mucho, acepté cenar con ella. Mi novio no entendía nada de esta historia y yo era incapaz de explicarle el problema, ni siquiera yo entendía nada.

»Así pues, cenamos juntas. Después de media botella de vino, le dije que la admiraba, pero también que la envidiaba por su tenacidad; siempre ha progresado en el arte, no se ha equivocado, como yo, siendo decoradora. Aunque la decoración es apasionante, sentía que me estaba traicionando a mi misma. Le dije que me costaba identificar con claridad todo esto antes, pero que el hecho de haber presenciado sus logros, me había provocado sensaciones de amargura y envidia, a pesar de nuestra amistad. Maria se puso a llorar, de alegría, y se sinceró sobre la complejidad de los retos que estaba afrontando, aunque eso no quitaba que se sentía muy orgullosa de sí misma. Al verla sincerarse de este modo, sentí que nuestra amistad adquiría otra dimensión. Hablar de esa manera, de cosas que podrían habernos separado, marcó la diferencia. Tras esa conversación incómoda pero fructífera, empecé a identificar mis problemas y mis inseguridades, y comprendí que su éxito no me amilanaría. Mi trayectoria me daba menos miedo pero, sobre todo, me dolía menos. Maria no es mi rival, sino una amiga a la que quiero mucho y cuyos logros han hecho que supere mis inseguridades y mis dudas. Es a ellas a quienes debo enfrentarme ahora, no a Maria.»

Valérie ha conseguido hacer autocrítica y reconsiderar su vida profesional y sentimental, con el apoyo de Maria. Su amistad ha sobrevivido a este episodio de rivalidad que podría haber sido perjudicial. La autenticidad y la honestidad de su relación han puesto fin al malestar y la vergüenza. Aunque los grandes cambios sociales han ampliado las posibilidades de las mujeres a nivel personal y profesional, permitiendo que accedan a un nuevo estatus social, no han hecho que los antiguos demonios de la competencia y la envidia desaparezcan. Por el contrario, los ámbitos en los que actúa la rivalidad siempre son de actualidad. La importancia del aspecto físico y de conquistar a los hombres sigue ahí. Estar delgada se ha convertido en un símbolo social y es habitual que las mujeres compartan sus penas y sean empáticas cuando de relaciones se trata. En cambio, cuando el éxito hace acto de presencia en una historia de amistad sin que nadie lo invite, las mujeres ven cómo se les acelera el pulso y les invade un sentimiento de envidia, sin que, pese a todo, consigan hablar de ello. Las emociones fuertes enmascaran la toma de conciencia de lo que sentimos y provocan confusión. Como si no tuviéramos la configuración emocional para gestionar los triunfos de nuestras amigas más cercanas, volvemos a tener una sensación de vacío, de envidia y apatía en el mejor de los casos. Valérie tenía envidia del nuevo puesto de Maria porque representaba su propio sueño, un santo grial que no había logrado alcanzar. Se había convertido en algo palpable, casi al alcance de la mano, y eso le resultaba aún más insoportable. Como si Maria le hubiera quitado, en cierto modo, un puesto que había soñado para sí.

Lo que ocurre entre mujeres se multiplica por diez en una relación de amistad. Podemos encontrar sentimientos casi inconfesables y difíciles de soportar, ya sea envidia o competencia, que forman parte de la rivalidad.

> Fue tan agresiva durante todo el trayecto que me callé y sentí su veneno, que convirtió ese momento importante de mi vida en un paso en falso en el que había hecho el ridículo. Me esforcé por no creerle. La veía de verdad como una enemiga capaz de todo. Sabía sacar de quicio a las buenas personas y lanzar un fuego destructor a los corazones.[12]

CUANDO LA RELACIÓN CON LA MADRE INFLUYE EN NUESTRA VISIÓN DE LA AMISTAD

La relación madre-hija influye en las amistades femeninas que conocemos en la edad adulta, las tensiones que las caracterizan recuerdan a esta primera relación. Ya hemos hablado del complejo de Electra y, en el siguiente capítulo, volveremos a tratar la relación con la autoridad materna.

El recuerdo de un vínculo materno potente

La primera relación del hijo con su madre suele estar marcada de por vida por el apego simbiótico, en que la identidad se construye por la conexión con la otra persona. Posteriormente, cuando las hijas quieren alcanzar la autonomía, la identidad, la consciencia de sí mismas necesaria, salir del apego simbiótico, la transición es complicada. El bienestar creado por nuestra primera relación con la madre es el que buscamos más adelante con las demás mujeres. Sin embargo, hay otros aspectos de la relación maternal, más conflictivos, que pueden crear tensiones entre las mujeres adultas. Según las autoras y psicoanalistas Luise Eichenbaum y Susie Orbach, estos dos aspectos (simbiosis/diferenciación) de la relación madre-hija tendrán un efecto rebote en la interacción entre mujeres y se manifestarán «sobre todo en forma de envidia y competencia».[13]

Aspirar a una identidad diferente, desde que nos alejamos del apego simbiótico, puede vivirse de manera inconsciente como algo arriesgado y ajeno a uno mismo. En lo más hondo de nuestra psicología femenina, la aspiración a la autonomía se ve enturbiada por el miedo a perder la famosa conexión.

La necesidad de colmar una carencia

Otro aspecto a tener en cuenta de la relación madre-hija es la calidad del vínculo. La relación maternal puede vivirse como enriquecedora, pero también como decepcionante y frustrante, lo que deja una estela de carencias emocionales. «Como sabemos, muchas mujeres transfieren a otras mujeres, inconscientemente, una versión de sus esperanzas y de las limitaciones de su propia relación madre-hija...» Poco seguras de ellas mismas, las mujeres buscan de manera inconsciente colmar esa carencia en sus amistades. No hablar sobre cosas difíciles es un modo de evitar poner en peligro este nivel de atención. Como vemos en el relato de Valérie, esta última prefiere cortar los lazos con su amiga antes que tener una conversación clara acerca de sus sentimientos y arriesgarse a hacerle daño. La envidia es un pecado difícil de asumir. Entonces ¿cómo podemos integrar el método de Eichenbaum y Orbach, esta alquimia de independencia y conexión que las autoras recomiendan y denominan sobriamente «apego separado y autonomía conectada»?

Susie Orbach y Luise Eichenbaum quisieron analizar las causas de la amistad en términos femeninos. Ellas son compañeras, coautoras y fundadoras del Women's

Therapy Center de Londres (centro terapéutico/clínico para las mujeres), así como de un instituto de formación para psicoterapeutas en Nueva York. Entre las paredes de su centro han tenido lugar miles de conversaciones que les han permitido tomar el pulso a la dinámica de las relaciones entre mujeres. También son amigas desde hace mucho tiempo. A través de sus obras y sus trayectorias, vemos el lugar que ha ocupado la amistad femenina desde los años setenta, década que vio nacer una solidaridad forjada en la lucha por una mayor igualdad. Caminando codo con codo, vivieron los inicios de la sororidad y defendieron la idea de que luchar por un hombre no era un objetivo fundamental. Por extensión, el concepto de competencia perdía vigencia. Las mujeres eran solidarias en una lucha colectiva. En ese momento histórico, estas jóvenes sucesoras del feminismo contribuyeron a afianzar el lugar de las amistades femeninas en su campo relacional.

> Y a medida que Lissa habla mientras da forma al aire con las manos, Hannah siente que una parte de ella se manifiesta, exactamente como durante su primer encuentro. Lissa es brillante, siempre lo ha sido, y Hannah siente que se le parece un poco, que la llama de su vieja amiga la reconforta. [...] Es necesario aferrarse a sus amistades, Lissa. Las mujeres. Son lo único que te salvará al final.[14]

AMISTADES FEMENINAS *VERSUS* AMISTADES MASCULINAS

¿La familia para los hombres, las amigas para las mujeres?

Investigadores británicos han demostrado hasta qué punto la amistad es importante para las mujeres. Un estudio llevado a cabo por el Departamento de Epidemiología y de Salud Pública de la Universidad de Londres[15] señala que el matrimonio es beneficioso para la salud mental de los hombres..., pero es perjudicial para la de las mujeres al quitarles tiempo que no pueden dedicar a las amigas. Resulta que pasar tiempo con las amigas reduce el estrés y libera oxitocina, una hormona que aporta tranquilidad.

Los investigadores entrevistaron a 6 500 británicos nacidos después de 1958 y concluyeron que, en los adultos de mediana edad, tener una red de amistades constituía «una fuente de bienestar psicológico, mientras que las redes familiares parecían ser más importantes para el bienestar de los hombres que para el de las mujeres. Estas relaciones son independientes de la educación, la situación económica y la salud psicológica previa».

Si las amistades femeninas son tan importantes «es porque las mujeres pueden, gracias a ellas, descubrir quiénes son y quiénes quisieran ser», escribe la ensayista y sexóloga Shere Hite.[16] Las amistades construyen nuestra propia personalidad y van más allá de nosotras, nos instan a ser mejores personas, siempre y cuando los términos de la relación sean recíprocos, como en un contrato tácito. Cuando una de las partes incumple el contrato, la amistad puede verse amenazada.

Marie y Lucie tienen 43 años y son amigas desde el último curso de bachillerato, el mismo año en que Marie conoció a su futuro marido, que iba al curso preparatorio en el mismo instituto. Después, cada una siguió estudiando, Comercio en el caso de Marie y Arte en el de Lucie. Más tarde, Marie tuvo hijos. Como es natural, Lucie es la madrina de la mayor. Parecía una historia de amistad perfecta. Marie pensaba que las cosas no cambiarían, ella era enfermera y estaba casada con tres hijos, y Lucie era la eterna soltera y una pintora algo bohemia, que iba a pasar los fines de semana con ellos y era niñera de los niños en alguna ocasión. A primera vista, era un equilibrio perfecto.

Lucie, 46 años, pintora:

«Aunque tenía casi 40 años, conocí a alguien y tuvimos gemelos enseguida. Por supuesto, Marie se alegró muchísimo por mí; además, su marido y mi pareja se llevan bien. Pero empecé a trabajar más, logré un cierto éxito a nivel profesional y encima mi novio, que dirige su empresa, se gana muy bien la vida. Así que, lógicamente, mi vida diaria ha mejorado. Nos mudamos a un departamento muy grande en la parte norte y ahí fue, creo yo, cuando las cosas empezaron a desmoronarse entre Marie y yo. Sus ataques acerca del departamento ("Pero bueno, ¡tienes delirios de grandeza!") y de mis hijos ("Los hijos de las parejas viejas, como es lógico, están muy consentidos") eran continuas y aunque las decía en tono de broma, empezaron a dolerme y se lo dije. Me contestó que estaba loca, que estaba cambiando y que le llamara cuando me hubiera tranquilizado, ¡el colmo!

»Apenas hablamos durante un año, y luego supe por una amiga común que habían operado a mi ahijada. Llamé por teléfono para tener noticias y retomamos la conversación como si la hubiéramos interrumpido el día anterior. A la semana siguiente, cenamos en un restaurante con otros amigos. Le susurré al oído: "Ha sido difícil, ¿sabes? Te he extrañado". Me apretó el brazo y respondió: "No tanto como yo, sabes que te quiero". Y ya está, acabamos con el periodo convulso y luego el sol volvió a salir.»

Marie aseguraba que Lucie había cambiado. Si esto era así, solo se trataba de una cuestión de estatus social; sin embargo, lo que había cambiado era la dinámica de la relación. Ya no era Marie quien tenía una situación «envidiable», sino Lucie. Marie se sintió «rebajada», en un cierto modo, y reprochó a su amiga que no se hubiera quedado en el lugar donde la había encasillado.

Una cuestión de oxitocina

Jeffrey Hall, profesor de Estudios de Comunicación en la Universidad de Kansas, llevó a cabo un estudio con 8825 personas sobre qué esperan los hombres y las mujeres de sus amistades. Gracias a su estudio sabemos que las mujeres buscan cercanía, sinceridad, solidaridad y lealtad, mientras que los hombres prefieren buenos amigos y con un buen estatus social.[17] Los hombres, en general, buscan actividades comunes antes que cercanía.

Sus relaciones de amistad son menos frágiles que las de las mujeres porque son menos emocionales. Además, ellos son más del cara a cara, mientras que las mujeres son más del codo con codo.

En 2000, otro estudio[18] publicado por la Universidad de UCLA y realizado por las investigadoras Laura Cousino Klein, profesora de Salud Bioconductual, y Shelley Taylor, profesora de Psicología, puso de relieve las numerosas virtudes de las amistades femeninas y cómo actúan ante el estrés. En los hombres, el estrés provoca, por lo general, dos respuestas, la lucha o la huida, acorde con un antiguo mecanismo de supervivencia que data de la época en que la humanidad debía protegerse del ataque de grandes fieras. En las mujeres, el abanico de respuestas es mayor y se expresa, sobre todo, a través de sus amistades. Poder desahogarse, compartir y platicar las aligera del peso del estrés. La doctora Klein explica:

> Según un viejo chiste, cuando los investigadores están estresados, ellas van al trabajo, limpian el laboratorio de arriba abajo, se toman un café y hablan de sus experiencias, mientras que los hombres se aíslan en algún lugar. Un día, le comenté a una compañera, Shelley Taylor, que casi el 90 % de la investigación experimental sobre el estrés se limitaba a los varones. Le mostré los resultados de mi trabajo en el laboratorio y vimos enseguida que ahí había un filón por explorar.[19]

El estudio revela que la oxitocina, una hormona que se libera en situaciones de estrés, incita a las mujeres a cuidar de sus hijos y a reunirse, lo que les aporta una cierta tranquilidad. En los hombres, por el contrario, la secreción de testosterona reduce los efectos de la oxitocina.

También descubrimos que tener amigas mejora nuestra inmunidad y nuestra presión arterial, además de aumentar nuestra esperanza de vida, mientras que no tenerlas es tan nocivo para nuestra salud como el tabaquismo o el sobrepeso.[20] Por efecto del mimetismo, adaptamos nuestra conducta social cuando nos comparamos con otros. De este modo, si nuestros allegados dejan de fumar, hay un 34 % de posibilidades de que intentemos imitarlos. Es lo que observa Roxane de La Sablonnière, profesora del Departamento de Psicología de la Universidad de Montreal, para quien las normas sociales gobiernan nuestra conducta en la sociedad, y también en los pequeños grupos a los que pertenecemos.[21] Además, la felicidad es más contagiosa que la desgracia. En resumen: para ser felices, ¡tengamos amigos felices!

La amistad en cifras[22]

- Las mujeres que tienen cáncer de mama tienen una probabilidad cuatro veces menor de morir a causa de la enfermedad cuando tienen diez o más amigos íntimos.
- Tener amigos felices aumenta en un 9 % nuestro buen humor. ¿Los amigos infelices? Minan nuestra moral en un 7 %. Es el contagio social.
- Cuando un amigo se vuelve obeso, tenemos un 57 % más de probabilidades de serlo nosotros

también. ¿Nuestra pareja engorda? Nuestras posibilidades de hacerlo son solo del 37%.

LA AGRESIVIDAD, LO QUE LA MUJER NO DICE

La amistad entre las mujeres es una aventura fascinante, beneficiosa y reconfortante. Ofrece una gama de colores tan rica como compleja. Pero, como en toda aventura humana, no hay que subestimar el poder del grupo. El grupo, para formarse, identifica un enemigo. El grupo es marginador. Esta es la devastadora experiencia de Sandra: tuvo una amistad incondicional y sólida, y después vivió una ruptura tan o más dura que una ruptura sentimental porque fue víctima de un grupo.

Unos años después, Sandra, vendedora de 43 años, aún se estremece al recordarlo.

«En el instituto, hice amistad con Stéphanie. Nos parecíamos en muchos aspectos: familia, clase social, geografía, vivíamos a doscientos metros la una de la otra, íbamos juntas de vacaciones, tomábamos juntas el autobús... Nuestra amistad iba más allá de la escuela, excepto que yo hacía alemán como primer idioma y ella inglés. En su clase, Stéphanie tenía dos amigas, Justine y Claire. Justine vivía lejos y había tenido que elegir el ruso para entrar en el instituto. Las cuatro nos juntábamos en cada descanso y almuerzo.

»Creo que, en un momento determinado, debí de eclipsar a Justine, que tuvo celos del vínculo especial que nos unía a Stéphanie y a mí. Recuerdo que un día, de golpe y porrazo, mientras las cuatro salíamos del instituto, Justine me miró y me dijo: "Ya está, hemos decidido que no te queremos más en nuestro grupo, no queremos que estés con nosotras". Stéphanie bajó la vista y se quedó callada. Más tarde, hablé a solas con Stéphanie, es ridículo cuando lo pienso ahora, pero me puse a llorar y le pregunté cómo podía hacerme esto. Ella también lloró y me dijo que sus padres se querían divorciar, que yo era la única amiga a la que podía decírselo. Y esto fue todo, la conversación terminó ahí y ya no se habló más, me marginaron.

»Lógicamente, me dije que era culpa mía que me hubieran rechazado, no pronuncié la palabra "manipulación", que salió después de hacer terapia. En ese momento, intenté comprender qué había podido hacer mal... Me acabaron señalando con el dedo, en el comedor, en el recreo, ¡hablaban de mí! No fue agradable, me daba vergüenza. Mis padres le restaron importancia al asunto; para mi padre, eran conflictivas y se les pasaría. Mi madre tampoco le dio importancia; en realidad, nunca le había gustado Stéphanie y, además, ahora que sus padres ya no estaban juntos, no había ninguna necesidad de verlos... En cuanto a mi hermana, me dio a entender que si mis amigas me habían hecho esto era porque me lo merecía un poco, ¿no? Esta ruptura supuso, no obstante, un cataclismo en mi vida, ya que a partir de ese momento estuve sola. Todos tenían ya su grupo de amigos.

»Más tarde, hice dos o tres amigas, pero tenía un poco la sensación de estar traicionando a Stéphanie... En esa época, una de las vías de escape fueron los chicos. Tenía pequeños amoríos muy castos que me permitían existir. Pero al tener un novio tras otro, me volví poco sociable... mi realidad se convirtió en una profecía autocumplida. Por lo demás, hubo una chica, Marianne, que me advirtió caritativamente: "Tienes que dejar de salir con chicos porque ahora nos habíamos olvidado un poco de ti, circulaban menos rumores".

»En retrospectiva, entiendo que fui víctima de manipulación y de acoso, pero en aquel momento los sentimientos negativos me destruían. Aún hoy, conservo una profunda herida, estoy destrozada. Por un lado, mantengo un perfil bajo, intento ser discreta, no enfrentarme con nadie. Al mismo tiempo, procuro gustar siempre, quiero destacar. Esto crea en mí una dualidad que es agotadora.»

La imposición de la amabilidad

En Sandra, las heridas de la adolescencia aún no se han curado. La agresividad del grupo, el rechazo de sus amigas y, en particular, de su mejor amiga, son piedras en su camino vital que le impiden abrirse por completo y confiar.

Sentimientos como la envidia, la ira, el abandono, la rivalidad o la traición a veces producen fisuras en las amistades de las mujeres, pese a la cercanía, pese a las confidencias, pese a las promesas de amor (platónico) contra viento y marea y, desde luego, pese a los avances del feminismo y la sororidad. Precisamente la sororidad sirve de escudo frente a todos estos malos pensamientos. Al fin y al cabo, ¿la idea no es que las mujeres deben ser hermanas del alma, codo con codo, para toda la vida, y acabar con la idea de la competencia y la rivalidad?

¿Qué esconden estos sentimientos, la mayor parte de las veces silenciados? ¿Cómo podemos evitar las agresiones indirectas y las rupturas de amistad a pesar de tener un vínculo sólido? Todavía hoy, para la mayoría de las mujeres, es sumamente difícil expresar este tipo de emociones negativas, en ocasiones oscuras, sin sentir de inmediato un gran bochorno.

Autoculpabilidad y odio hacia una misma

La escritora y *coach* estadounidense Rachel Simmons, ferviente luchadora por el empoderamiento de las jóvenes, nos explica que el conflicto es parte esencial de las relaciones humanas, algo inevitable. En su libro *Odd Girl Out: The Hidden Culture of Aggression in Girls*,[23] señala el papel de la sociedad, que transmite la idea de que las chicas deben ser amables a toda costa. Después de entrevistar a más de trescientas chicas de entre 9 y 15 años, provenientes de entornos socioculturales distintos, observó que las chicas interiorizaban su ira y rara vez la manifestaban en público. Las consecuencias de esta contención son funestas: «No hay gesto más demoledor que dar la espalda». El sentimiento suele tragarse y rumiarse, para volver a salir más adelante por medio de ataques y manipulaciones psicológicas traicioneras, lo que se considera acoso moral indirecto. Simmons se lamenta de la tendencia de las chicas a abordar el conflicto de manera casi exclusivamente indirecta y condena la educación recibida, basada en la moderación y el miedo al conflicto.

Es un punto de vista que comparte la autora y profesora estadounidense Sharon Lamb[24] en su libro *The Secret Lives of Girls: What Good Girls Really Do – Sex,*

Play, Agression, and Their Guilt.[25] Constata que incluso las «buenas chicas» son agresivas, y que cometen estas agresiones al sentirse culpables. Según ella, habría que intentar asumir y entender el sentido de estos comportamientos, que distan mucho de ser excepcionales. Esto reduciría la culpabilidad y cambiaría las cosas.

En 1962 se publicó *El cuaderno dorado*, de Doris Lessing. Es a la vez un elogio del arte de la novela y un retrato de dos amigas, Anna y Molly, artistas que viven en Londres en los años cincuenta.

> Anna se retuvo, inmóvil, con un esfuerzo. Molly había hablado por puro despecho. «Me alegro de que vayas a estar sujeta a las mismas dificultades con que nosotros tenemos que enfrentarnos —pensó Anna—. Ojalá no me hubiera vuelto tan consciente de todo, de cada pequeño matiz. Antes, no me hubiera dado cuenta. En cambio, ahora en cada conversación, en cada encuentro con una persona parece como si cruzara un campo de minas. ¿Y por qué no puedo aceptar que a veces la amiga más íntima me clave un puñal bien hondo en la espalda?» [...] Hace tiempo [...] aprendí que el resentimiento y la ira son impersonales. Es el mal de las mujeres de nuestro tiempo.[26]

De las mujeres se espera, como ya hemos mencionado, que sean delicadas y amables con los demás, incluso cuando están furiosas. «Pelearse» no es muy conveniente, es más adecuada la discreción. La confrontación directa puede verse como una forma de locura o de mal gusto, porque se aleja de los cánones de la femineidad. Reconocemos, en estas expectativas, el efecto perverso de los roles y los estereotipos. Al buscar constantemente la aprobación de los hombres y de la sociedad, las mujeres terminan siendo, de manera inconsciente, rivales.

> Da igual que una mujer sea igualitaria en su mente; hay muchas probabilidades, al menos en determinados aspectos, de que se comporte según los viejos estereotipos de la femineidad, que imponen que se separe de su madre y se defina en función de lo que quieren los hombres. Crecemos esperando la aprobación de los hombres... muchas mujeres compiten entre sí por aquello que los hombres valoran. [...] La peor consecuencia de esta actitud es el odio hacia una misma: las chicas y las mujeres se denigran y se desvinculan de otras mujeres.[27]

Las concepciones culturales de lo que se hace o no según una determinada acepción de lo femenino o de lo masculino provienen del proceso de socialización. Este comienza en la infancia, cuando nos instruyen sobre cómo nos tenemos que comportar de acuerdo con las normas sociales. A las mujeres se les asignan los roles de apoyo, entrega, unión y escucha. Ambos sexos esperan, pues, este tipo de comportamiento. Sin embargo, las mujeres pueden ser igual de competitivas y capaces de agredir, pero no se les permite decirlo. Este terreno también está minado de estereotipos de género. Si sentir ira y agresividad ya es bastante difícil para las mujeres, así que expresar esos sentimientos suele resultar imposible.

Gritar, jalarse el cabello, perder los estribos, estar rabiosa... todo esto remite al estereotipo de la mujer histérica. La que pierde los papeles, llevada por la emoción, pierde toda credibilidad, reducida a la debilidad de su sexo, y su ira no es escuchada. Hay que distinguir, no obstante, la ira de la agresividad. La primera es una emoción, mientras que la segunda es una conducta.

Una expresión catártica de la ira

Contradiciendo lo que la sociedad preconiza, esa calma necesaria de las mujeres, la periodista, diseñadora y autora estadounidense Ariela Gittlen[28] ve en la expresión de la ira ciertas virtudes catárticas.

En 2018, en Estados Unidos, la ratificación de la candidatura del senador Brett Kavanaugh al Tribunal Supremo, a pesar de las acusaciones de violación que pesaban sobre él (cuando era estudiante), provocó estupor y furor en la opinión pública.

> Tras las audiencias de Kavanaugh, adquirí una nueva rutina de cuidado personal: me pongo una mascarilla de tela, escucho música relajante y contemplo cuadros de mujeres asesinas. No soy la única que lo hace: desde hace semanas, aparecen en mis hilos de Instagram y Twitter representaciones de Judit decapitando a Holofernes, Orfeo despedazado por las ménades y Timoclea tirando a un pozo a su violador. Se han convertido en *memes* que, bajo un nuevo contexto y con otro título, expresan la rabia de las mujeres frente a las injusticias del presente.[29]

De ahí la importancia de la representación. Para que no queden dudas, Gittlen cita el libro de Rebecca Traister *Buenas y enojadas: el poder revolucionario de la ira de las mujeres*,[30] que revela que la mejor forma de desacreditar a una mujer es mostrarla gritando, como una arpía.

> Confieso que ahora mismo sospecho prácticamente de cualquier intento de marcar la ira como algo insano, me da igual lo bienintencionada o lo persuasiva que sea la fuente. [...] Lo que es malo para las mujeres, cuando hablamos de ira, son esos mensajes que nos instan a mantenerla embotellada, a dejar que se encone, a mantenerla en silencio, avergonzarnos o aislarnos porque la sentimos, o canalizarla de modo que culmine en decisiones erróneas. Lo que es bueno para nosotras es abrir la boca y dejar salir la ira, permitirnos sentirla y decirlo, pensar en ella y actuar con ella e integrarla en nuestras vidas del mismo modo que integramos el gozo y la tristeza y la preocupación y el optimismo.[31]

A las mujeres nos han enseñado a desconfiar de la agresividad, de la competencia, y a silenciar la ira, so pena de perder nuestra femineidad ante los hombres y el consuelo emocional de las mujeres. Ante esta situación, las estrategias defensivas pasan por la conducta pasivo-agresiva, de la que las mujeres son campeonas en todas las categorías, como hemos visto en el capítulo 2, y la violencia reprimida degenera en agresividad interpersonal, con conductas tales como la exclusión, la traición, el rechazo, los chismes, los rumores y todo tipo de humillaciones que contradicen la legendaria bondad de las mujeres.

No elegimos la familia, elegimos las amigas

Le hemos preguntado a la psicóloga clínica Camille Cohen cómo puede surgir la rivalidad en una relación de amistad sin nubarrones.

> Las amigas no se eligen al azar, sino siguiendo unos criterios, conscientes o inconscientes —nos explica—, y cuando sentimos que la otra cambia y ya no responde a estos criterios nos puede sobrevenir el sentimiento de rivalidad. Es como si nuestra amiga ya no fuera la que habíamos elegido.
>
> Cuando las amistades duran años —por ejemplo, desde el kínder hasta la universidad— y siguen en el mismo ámbito, escolar o sentimental, es más fácil superar la rivalidad si aparece. En cambio, en los momentos vitales más importantes, como el matrimonio, la maternidad y el éxito profesional, puede surgir una gran rivalidad que dé lugar a un malestar enorme y a la envidia. Lo que envidiamos en la otra se corresponde con lo que nos falta, y se refleja en nuestra falta de confianza: nos ofendemos porque eso no nos ocurre a nosotras. Por suerte, en la mayoría de los casos, sabemos diferenciar nuestras inseguridades y nuestros defectos de la amistad, y podemos alegrarnos de corazón por nuestra amiga. Si no es así, si los sentimientos negativos son demasiado fuertes, puede producirse una ruptura. Solo rivalizamos con las amigas de verdad, ya que nos da igual si tal o cual conocido es feliz en el plano sentimental. Eso sí, si se trata de nuestra mejor amiga, a quien consideramos una hermana y que es nuestro reflejo en el espejo, la idea de que ya no se parezca a nosotras puede ser desgarradora.

Es humano que sintamos algo de celos —añade Camille Cohen—; lo que empieza a ser un problema para la relación es envidiar a la otra hasta el punto de odiarla y, después de haberla querido, empezar a aborrecerla y hacerle daño.

Así pues, he aquí las claves: los momentos vitales importantes y la falta de confianza en una misma.

Cuando Zoé se enoja porque ve menos a su mejor amiga desde que se casó, mientras que ella sigue soltera, su percepción no es producto de la imaginación. El hecho de sentirnos excluidas cuando un novio o una novia entra en la vida de nuestra amiga responde a una realidad.

Una investigación dirigida por el antropólogo británico Robin Dunbar, del Instituto de Antropología Cognitiva y Evolutiva de la Universidad de Oxford, muestra que el precio del amor se mide por la «pérdida» de tus dos mejores amigos. Según los investigadores, por lo general, cuando una persona nueva entra en tu vida, aleja a un progenitor y a un amigo, ya que la nueva relación sentimental te quita el tiempo que en otras circunstancias dedicarías a relaciones platónicas. Esto puede dañar una amistad.

Si no ves a la gente, tu compromiso emocional con ellos disminuye muy rápidamente. Sospecho que tu atención está tan concentrada en la pareja sentimental que no ves a las demás personas a las que antes estabas muy unido, y, por consiguiente, algunas de estas relaciones empiezan a deteriorarse.[32]

CELOS POR FALTA DE CONFIANZA EN UNA MISMA

La amistad es de capital importancia en la vida de las mujeres. Vivimos más, nos divorciamos, nos necesitamos las unas a las otras... no podemos vivir sin este sentimiento compartido. Entonces ¿cómo se entienden algunas actitudes de rivalidad que perjudican a esta amistad? ¿Por qué no nos damos cuenta de que todas tenemos tiempos distintos y que la amistad no es una carrera hacia el éxito ni una carrera hacia el amor?

Para Shere Hite, la animadversión que sentimos hacia nuestras amigas tiene un origen muy profundo:

> La piedra en el zapato no son los celos, sino la falta de confianza, señal fatal que las mujeres no se toman en serio... Como dudamos de nuestra valía, ponemos en tela de juicio a las demás mujeres. Esto provoca relaciones desiguales, luchas insidiosas y malestar constante.[33]

Las mujeres rivalizan porque se comparan sin cesar, tienen miedo de no ser las favoritas, tienen pensamientos distorsionados: «Soy menos guapa que ella, menos delgada que ella, menos brillante que ella...». El veneno de la comparación actúa en nuestro cuerpo mediante la defensa y se exacerba cuando nos traicionan. Trabajar la confianza en una misma es, pues, beneficioso en todos los sentidos, ya sea con respecto a las aspiraciones profesionales o a las amistades.

Según un estudio publicado en 2010 en la revista estadounidense *Human Nature*,[34] entablamos amistad con personas que tienen un nivel de atracción bastante equivalente al nuestro. Pero algunas mujeres, al considerarse menos deseables que su amiga, manifiestan una forma de rivalidad cuyo origen está en el acceso a los hombres atractivos: soy menos guapa, por lo tanto, tengo que competir. En cambio, no aparece ninguna forma de rivalidad en lo que concierne a la inteligencia. Esto puede explicarse por el hecho de que los hombres siguen prefiriendo una mujer más guapa a una mujer más inteligente... Y, a veces, sin que pueda culparse a la belleza o la inteligencia de la rivalidad, la amistad se va a pique.

Amina, 29 años, responsable de investigación y desarrollo informático, se está recuperando a duras penas de una doble ruptura.

> «Conocí a Elsa en la primaria. Teníamos ocho años, y una niña de nuestra clase, una sabelotodo, se rio de mi pelo rizado. Elsa me defendió y nos volvimos inseparables. Aunque ya no estábamos en la misma clase, seguíamos viéndonos, compartíamos confidencias... nos consolamos cuando una perdió su trabajo (yo) y la otra sufrió su primer mal de amores (ella). Fuimos muchas veces juntas de vacaciones, incluso compartimos departamento durante unos meses; en definitiva, Elsa era mi mejor amiga de toda la vida.
>
> »En 2017, conseguí mi trabajo soñado y empecé a salir con uno de mis compañeros, un chico muy guapo y muy romántico, que supuso un cambio con respecto a mis relaciones sentimentales anteriores. Enseguida se lo presenté a Elsa, claro está, tenía ganas de saber su opinión. Al principio, se mostró un poco indiferente, le parecía "atractivo, pero algo cortado, ¿no?". Quería con toda mi alma que pensara que era

fantástico; sin su aprobación, tenía miedo de que su opinión me influyera. Así que incrementé el número de salidas, cenas e invitaciones. En esa época, Elsa medio salía con un chico que vivía en el sur y al que no veía muy a menudo. La invité a reunirse con nosotros a finales de agosto en la casa de veraneo de mi novio y le dije que podía invitar a su "sureño". Pero vino sola. Pasamos cuatro días idílicos, nadando en calas, paseando por la zona interior de Niza y bebiendo vino rosado hasta bien entrada la noche. Al final de las vacaciones, a nuestro regreso, menos de una semana después, mi novio me dijo que quería romper. Fue tan repentino que me costó asimilar el golpe. Por suerte, se fue a trabajar a otro lugar y no tuve que verlo todo el día. Cuando le conté la noticia a Elsa, fingió sorpresa, antes de admitir que habían sentido un flechazo, que había sido muy difícil para ellos, pero que el amor entre los dos era tan evidente que no se habían podido resistir. Me enteré hace poco de que viven juntos y que hablan de casarse.

»¿Sabes lo peor de esta historia? En aquel momento, me sentí humillada, fea y fracasada porque él hubiera preferido a mi amiga. Afectó muchísimo a mi confianza y tardé meses en salir a flote. Pero ahora, retrospectivamente, no me importa que me dejara —solo llevábamos siete meses juntos—, mientras que la traición de Elsa, que era mi amiga desde hacía casi veinte años, me ha hecho polvo. ¿Cómo pudo hacerme esto? Este tipo de cosas no deberían ocurrir entre amigas. Aún estoy destrozada.»

La confianza en una misma se ve enturbiada cuando un hombre prefiere a nuestra amiga. Inseguridad, rasgos narcisistas, reactivación de falsas creencias de la infancia... es difícil quererse a una misma cuando el objeto de nuestro afecto prefiere a otra mujer. Por otra parte, ¿cómo pueden sobrevivir las candidatas de un «concurso» de televisión como *The Bachelor* (El soltero) a sus egos lastimados? A medida que avanza el programa, son «eliminadas» por un hombre al que desean y que considera que no son de su agrado. Es sorprendente que las espectadoras de semejante programa, donde compiten una decena de mujeres de las que se espera que se jalen el cabello por un hombre, sean precisamente mujeres.

Amina, ahora que ya ha pasado el periodo de cuestionamiento en el que se sentía «humillada, fea y fracasada», como si se definiera solo por su relación, aún se siente traicionada por su amiga de la infancia. Ese vínculo que pensaba que era inquebrantable le ha dejado un gran vacío y todavía no puede creerlo: «Este tipo de cosas no deberían ocurrir entre amigas».

Sin embargo, este es el punto de partida de muchos disgustos en la vida y de numerosas películas, como *Algo prestado*,[35] comedia romántica en la que Kate Hudson y Ginnifer Goodwin son mejores amigas y están enamoradas del mismo hombre.

En *Beverly Hills, 90210*, serie estadounidense imprescindible de los años noventa, Kelly le roba el novio, Dylan, a su mejor amiga, Brenda. Las chicas mantienen las distancias durante algunos episodios y, más tarde, se reconcilian.

En *Eternamente amigas*,[36] Bette Midler y Barbara Hershey tienen una amistad tan sincera durante treinta años que el robo de un novio o la rivalidad que sienten de forma pasajera no puede separarlas.

En la más reciente *Mujeres al ataque*,[37] Cameron Diaz descubre que su novio es un hombre casado. Entabla amistad con la esposa y juntas descubren que el infiel es, a su vez, el amante de una mujer joven. Las tres unen su talento para vengarse del zafio. Se trata de una comedia que, al final, prioriza la amistad.

¿En qué ocasiones se da prioridad a la amistad en lugar del amor? Caroline Henchoz, investigadora de la Universidad de Friburgo, señala:

> Se suele dar prioridad a la amistad en etapas de la vida como la infancia y la adolescencia, o cuando existen problemas conyugales, por ejemplo. Pero entre el amor y la amistad, lo que está en juego no es lo mismo. La gran mayoría de las parejas conviven a diario. Esto plantea retos distintos que con los amigos, a quienes se ve de vez en cuando y normalmente para compartir buenos momentos.[38]

¿Cómo se puede reconocer a una amiga de verdad? Una verdadera amiga te hablará abiertamente cuando le preocupe algo, no se sentirá amenazada porque considere que tú eres más guapa (lo cual rebatirás), se alegrará de corazón por ti, aplaudirá tus triunfos, confiará lo bastante en sí misma como para no sentirse intimidada por tu éxito y, a veces, le faltará confianza y se sincerará contigo. No deberíamos sentirnos culpables de nuestro éxito o de nuestra felicidad y tendríamos que ser capaces de compartirlo con nuestras amigas.

El *fargin*

Alegrarse sinceramente por el otro; este podría ser el significado de una palabra en yidis intraducible: *fargin*. La filósofa Marie Robert explica: «Más que una palabra, se trata de una emoción, el hecho de estar "feliz por los demás". El *fargin* carece de segundas intenciones. Es la felicidad que se siente al saber que a alguien, más o menos cercano, le pasa algo bueno. Es ese pequeño cosquilleo de alegría que acompaña a la felicitación sincera cuando un amigo nos da una buena noticia. [...] Sentirse feliz por quien triunfa es abandonar la amenaza para implantar la confianza».[39]

A veces, las amigas se convierten en hermanas, y para bien, porque, aunque las hermanas pueden llevarse la contraria y discutir, están unidas de por vida. Así pues, si conseguimos dejar nuestro ego de lado durante el tiempo que dura un cumplido, podremos alegrarnos de la felicidad de la otra persona. Aceptar estar feliz por una amiga es iniciar el camino hacia la sanación de nuestros propios sufrimientos íntimos. La virtud de una amistad sincera es que nuestras amigas hacen que existamos, al ser testigos de nuestra vida ellas son la prueba de que dejamos huella.

Héloïse conoció a Esther con *brackets* y nunca se separó de ella. Se veían mucho, luego menos, después otra vez más, sin desavenencias, sin ruptura, sin reproches.

Ella no le exigía nada, Esther tenía derecho a tener otros amigos, Héloïse no estaba celosa, no había ni rivalidad ni reglas porque la amistad te compromete y te protege sin los corsés y las obligaciones de la pareja. Hay mil maneras de ser amigo, mientras que hay pocas maneras de estar en pareja. [...] Esther aún no ha tenido un amor duradero, pero está rodeada de amistades —Héloïse ha sido una de las más antiguas— que son grandes testigos de su vida.[40]

Cinco consejos para librarse del sentimiento de rivalidad que puede emponzoñar la amistad[41]

1. Las mujeres que tienen más confianza en ellas mismas tienen menos probabilidades de sentirse amenazadas por sus amigas, o de ser una amenaza para ellas cuando estas triunfan.
2. La suerte, la felicidad y el éxito pueden usarse para ayudar a las demás y ser una fuente de inspiración.
3. Responsabilizarse de los sentimientos de una amiga es distinto de ser atenta y empática. Ser sobreprotectora en detrimento de una misma debilita las relaciones y conduce a un sentimiento insidioso de pena y resentimiento, a una conducta pasivo-agresiva o a una ruptura.
4. La competencia no tiene por qué ser necesariamente peligrosa o hiriente, sino que puede ser motivadora y dar pie a una sublimación sana de la agresividad. El deporte es un buen ejemplo.

5. Un equilibrio sano entre competencia y compasión significa permitirse a uno mismo tener éxito y adoptar un sentimiento positivo de valía al tiempo que te preocupas por los sentimientos de las amigas y las apoyas en su propio crecimiento.

5
LAS MUJERES EN LA EMPRESA

> Hay un lugar especial en el infierno para las mujeres que no apoyan a otras mujeres.
>
> MADELEINE ALBRIGHT,
> ex secretaria de Estado de Estados Unidos

Hemos entrevistado a muchas directoras de recursos humanos, de empresas francesas e inglesas, y hemos observado que un determinado número de relatos coincidían: «Si busco el perfil de una persona de 35 años, en igualdad de capacidades, prefiero a un hombre». Cuando preguntamos por el motivo de esta preferencia, la respuesta es un balde de agua fría: «Ya sabes que, a los 35 años, las mujeres tienen hijos pequeños o se plantean ser madres. Bueno, entre que los niños se ponen enfermos, que tienen que lidiar con la guardería o con las niñeras... un hombre es más fácil». Siguiendo la misma lógica, algunas directoras de recursos humanos creen que, para un puesto en el extranjero, las mujeres siguen de buen grado a su pareja, mientras que a la inversa supone un problema, algo que, según ellas, también penaliza a las candidatas.

En esta actitud no hay animadversión, ni misoginia ni malas intenciones, solo la integración de estereotipos sexistas que son difíciles de romper. Claro está que las mujeres a quienes se deja al margen se sienten doblemente penalizadas: no han conseguido el puesto que deseaban y se han enterado de que una mujer ha preferido a un hombre. Pero ¿deberíamos ser la primera opción de una mujer solo por nuestro género? En las decisiones de recursos humanos, es una cuestión de equidad y de competencias, nunca de género. Los sesgos sexistas a veces nublan el buen juicio.

En este caso concreto, a fuerza de ver a las mujeres escalar puestos en las empresas y personificar modelos de éxito, podríamos esperar que los prejuicios sexistas se acabaran desvaneciendo y desapareciendo. Pero ¿qué hay de las mujeres que practican el acoso moral, tienen celos de sus semejantes, son despiadadas entre ellas y recurren a golpes bajos y palabras violentas?

Éléonore, 45 años, es cardióloga en un hospital parisino.

«Durante años, con las enfermeras, ¡era la guerra! Ellas cuestionaban mi autoridad, mientras que se cuadraban ante mis compañeros masculinos. Discutían cada orden, le contaban a la dirección todos mis movimientos, cuchicheaban en los pasillos cuando me alejaba. Era una auténtica pesadilla. Pero llegó el COVID-19 y recibieron un reconocimiento que quizá no tenían, y ahora la situación es algo más relajada. Aun así, me mantengo alerta.»

UNA RIVALIDAD INEVITABLE

Tanto para los hombres como para las mujeres, la rivalidad es inherente al mundo laboral. Christophe Dejours, psiquiatra, psicoanalista, profesor de Psicología y especialista en Psicodinámica del Trabajo (cátedra de Salud y Trabajo en el CNAM), es uno de los autores del *Dictionnaire de la violence*.[1] Dejours señala que, sobre todo en el trabajo, «es preciso hacer alarde de los atributos de la virilidad, que consisten en mostrar que se es capaz de aguantar el sufrimiento sin rechistar y que se es capaz de infligirlo a los subordinados o a los aprendices sin ningún tipo de escrúpulos».

Es particularmente interesante su definición del concepto de virilidad: «Cuando los términos de violencia y virilidad se asocian, suele hacerse con una connotación moral positiva, como todo lo que tiene que ver, en general, con la virilidad».

Por lo tanto, cuando los hombres dan muestras de esta «virilidad» son respetados, incluso admirados. En consecuencia, son más propensos a gestionar cualquier forma de rivalidad. En cambio, las mujeres que se implican en un enfrentamiento de la misma manera son consideradas unas verduleras. En resumidas cuentas, este es un ejemplo del doble discurso que caracteriza un mismo comportamiento: los hombres son competitivos, se les aplaude; las mujeres son rivales, se las abuchea.

Que los hombres se peleen por imponer su autoridad es, pues, aceptable; en cambio, la rivalidad femenina es reducida a una riña entre mujeres y, al final, nos abstenemos de buscar soluciones. ¿Por qué se debería resolver un problema que se supone que no existe? Los estereotipos sexistas persisten y algunas mujeres prefieren hoy en día trabajar para hombres, como hemos visto en el primer capítulo.

Marianne Cooper, socióloga e investigadora de la Universidad de Stanford en el VMware Women's Leadership Innovation Lab, ha estudiado las diferentes actitudes de las mujeres entre sí en el trabajo y los efectos de los estereotipos sociales, examinando la relación de género con el conflicto. Se ha centrado en los conflictos en la esfera jurídica:

> La creencia de que las mujeres maquinan y apuñalan por la espalda puede hacer pensar a la gente que las discrepancias entre mujeres en el trabajo son especialmente dañinas. Un estudio ha mostrado que cuando se produce un conflicto entre dos compañeras de trabajo, la gente espera que las consecuencias sean negativas y duraderas, por ejemplo, que las mujeres quieran vengarse. En cambio, cuando en un conflicto idéntico se enfrentan dos hombres o un hombre y una mujer, la gente cree que la relación se puede restablecer con más facilidad.[2]

Pero ¿de qué tienen miedo las mujeres? ¿De no estar del lado masculino, es decir, del lado del más fuerte? ¿De ser sospechosas de favoritismo cuando contratan a otras mujeres? ¿De que otras mujeres ocupen su puesto? ¿De que una jefa las maltrate? ¿La actitud masculina sirve de ejemplo a las mujeres que infligen sufrimiento a sus subordinadas?

Joséphine, 28 años, responsable de caja en un supermercado.

«Cuando nuestro jefe se jubiló, lo sustituyó una mujer. Me puse contenta. Él era justo y muy amable, aunque un poco torpe con las mujeres (somos cuatro) y, en definitiva, me dije que una jefa cambiaría las cosas. Pero ahora es peor que antes. Con los hombres, mi jefa es toda sonrisas. Pero con nosotras es insoportable. Nos habla como si fuéramos idiotas y solo tiene en consideración a una estudiante que viene a ayudarnos dos días por semana. Es despectiva, nos repite sin cesar que hay que ser más rápidas y más productivas porque en las agencias hay fila para este empleo, y amenaza con echarnos por cualquier cosa. Por su culpa, el ambiente es horrible. Por suerte, nos llevamos bien, incluida la estudiante, porque algunos días dan ganas de tirar la toalla. No es una mujer, es una caricatura.»

UN MIMETISMO NOCIVO

Algunas mujeres adoptan un comportamiento maternal, se toman confianzas y exceden el ámbito profesional para que parezca que son más legítimas cuando ocupan altos cargos. Otras, por el contrario, solo se sienten plenas en un rol masculino e incluso afrontan su maternidad como un acontecimiento totalmente insignificante, y se cuidan mucho de no mencionar jamás a sus hijos.

Danièle Kergoat, investigadora y socióloga del trabajo en el CNRS, señala que la interiorización de los estereotipos sexistas puede explicar las estrategias de distanciamiento del grupo más débil. Las mujeres se protegen al no identificarse con una categoría denigrada.

> Entonces reproducen los estereotipos y consideran que trabajar con un hombre supone «menos problemas». Y se olvidarían, de paso, de designar a otras mujeres para los puestos de responsabilidad, mientras que los hombres practican el arte de la cooptación desde hace siglos. [...] «Las mujeres tienen tan interiorizado el dominio masculino [...] que ellas mismas se subestiman. Renuncian a sus opiniones, no como mujeres biológicas, sino como género condenado, odiado y lleno de defectos. Esta autodenigración provoca un sufrimiento infinito.»[3]

En la medida en que el mundo laboral sigue beneficiando mucho a los hombres, las mujeres pueden verse tentadas a adaptar su comportamiento, incluso a tener actitudes misóginas. Es lo que la psicóloga Annik Houel denomina «misoginia complementaria».[4] Consiste en un mimetismo que hace las veces de defensa, es la estrategia de ceñirse a los códigos dominantes para protegerse y adaptarse a lo que pasa en la empresa.

Al perpetuarlo, las mujeres interiorizan un cierto sexismo y mantienen la convicción de que no están tan implicadas ni son tan operativas ni competentes como los hombres. Estos sesgos condicionan la forma en la que se juzgan. Por lo tanto, son capaces de maltratar a otras mujeres para establecer su posición entre los hombres.

Una última explicación: durante mucho tiempo, las mujeres no han tenido referentes femeninos, lo cual las ha obligado a inspirarse en modelos masculinos, considerados como la norma. La reproducción de este comportamiento dominante es lo que puede explicar, sin que sirva de excusa, el sexismo de algunas mujeres.

ABUNDANCIA Y ESCASEZ

La actitud de las mujeres está muy relacionada con la cultura propia de cada empresa. Si no se trata a las mujeres igual que a los hombres, ya sea en cuanto al salario, las posibilidades de desarrollo profesional o los puestos directivos, aparece la rivalidad.

El liderazgo, el poder y los altos cargos pertenecen, en su mayoría, a los hombres, por lo que las mujeres llegan a la conclusión de que estos puestos son escasos y de que tienen que luchar aún más que los hombres para conseguirlos. De ahí la exacerbación de la rivalidad y del espíritu de competencia. Recordemos que en 2020, en Francia, tan solo había un 20 % de mujeres en los comités ejecutivos.[5] Cuanto más cerca se está de los círculos de poder, menos mujeres hay, aunque el paradigma tiende a cambiar.

El concepto anglosajón de *one seat at the table*, que podría traducirse por «un lugar en la mesa de negociaciones», es uno de los motores principales de la rivalidad femenina, según Mikaela Kiner, autora estadounidense, *coach* y fundadora de la empresa Reverb, que fomenta la inclusión en las empresas:

> Una mujer joven a la que conocí hace poco había solicitado un traslado interno y no fue seleccionada. Oyó de-

cir que el equipo ya contaba con una mujer y «no quería otra». Se sintió tan frustrada que dejó la empresa y se fue a otra, más inclusiva. No todos pueden permitirse hacerlo, pero decidir irse por iniciativa propia aumentó su autoestima y mejoró su situación. El concepto de «un único lugar en la mesa de los mayores» deriva de la convicción de que la diversidad es obligatoria, pero no útil. [...] Cuando las mujeres adoptan la mentalidad de escasez y luchan entre ellas, frenan a todas las mujeres. Si una mujer quiere avanzar, lo mejor que puede hacer es defender a las mujeres que la rodean, lo que se traducirá en más oportunidades y en un mayor éxito para todas.[6]

Aunque las empresas se esfuerzan por jugar la carta de la inclusión en los puestos directivos, con el riesgo de que se produzcan efectos negativos, las mujeres que trabajan bajo las órdenes de otras mujeres no son necesariamente unas privilegiadas. Y, en ocasiones, las cuotas provocan que se den situaciones de rivalidad entre las mujeres.

Amélie, 65 años, jubilada tras casi cuarenta años trabajando en recursos humanos.

«Es muy fácil librarse así, echarle siempre la culpa al patriarcado. He visto, por supuesto, casos de jefes abusivos, a veces temperamentales, a veces ingratos y a veces machistas, a quienes se les debería haber llamado al orden de forma inmediata. Pero las quejas contra directivas abusivas venían casi siempre de otras mujeres, y cuanto te das cuenta se te parte el alma. Recuerdo una mujer que pidió un traslado dentro de la empresa porque una superior la había humillado en una reunión ante una veintena de colaboradores. Nadie intervino para defenderla, pero a todos les pareció inaceptable y la apoyaron en su solicitud de traslado. En cuanto a la mujer maltratadora, sin duda se sentía frustrada por no progresar en la empresa y volcaba su rabia en las demás mujeres, que trabajaban mejor y acababan ascendiendo. Pensaba que actuando de este modo causaría una buena impresión a las altas esferas. Sin embargo, eso no le funcionó y tuvo el efecto contrario. Tras otras dos quejas —de nuevo, las víctimas eran mujeres—, la despidieron. La mayoría de las veces, en las grandes empresas se puede cambiar de puesto dentro del grupo, lo que es bastante habitual. Sin embargo, esto no resuelve el problema.»

SER LA ABEJA REINA

Algunos puestos «cuestan» alcanzarlos, como acabamos de ver, por lo que las mujeres no solo deben luchar por conseguirlos, sino hacerlo sin la ayuda de otras mujeres o incluso contra ellas. En la época del #MeToo, ¿cómo se explica esto?

En el mundo profesional, este síndrome tiene un nombre: el «síndrome de la abeja reina». El poder de la reina sobre las demás abejas de la colmena es absoluto, a pesar de que todas son hermanas. Definido en 1974 por los psicólogos estadounidenses G. L. Staines, T. E. Jayaratne y C. Tavris,[7] este concepto describe la actitud de las mujeres que tratan mal a sus empleadas. Según la socióloga Marianne Cooper:

> Este síndrome engloba un conjunto de conductas, que van desde denigrar los rasgos típicamente femeninos («Las mujeres son tan sensibles») hasta destacar los propios atributos «masculinos» («Pienso más como un chico»), pasando por cuestionar los argumentos de discriminación sexual («La razón por la cual hay tan pocas mujeres en las altas esferas no es la discriminación. Se trata simplemente de que las mujeres están menos comprometidas con su carrera») y por negarse a respaldar las iniciativas destinadas a luchar contra la desigualdad. La abeja reina definitiva es la mujer que triunfa y que, en lugar de usar su poder para ayudar a otras mujeres a progresar, socava la labor de sus compañeras femeninas.[8]

Posteriormente, varios estudios han documentado este fenómeno. Algunos describen a la abeja reina como una mujer maliciosa, otros como una mujer que, tras haber establecido su autoridad, y sin duda por temor a perderla, se niega a ayudar a las demás mujeres. Por último, otros estudios concluyen que se trata de un mito perjudicial que perpetúa la idea de que, en el fondo, las mujeres son incapaces de interactuar en su puesto de trabajo sin ceder a oscuras intenciones.

Katherine Crowley y Kathi Elster, autoras de *Mean Girls at Work: How to Stay Professional When Things Get Personal*,[9] piensan que:

> Las mujeres son complicadas. La mayoría de nosotras queremos ser amables y atentas, y luchamos contra nuestra parte más oscura (sentimientos de celos, envidia y rivalidad). Mientras que los hombres tienden a compe-

tir de manera abierta —luchan por el puesto y para ser coronados «vencedores»—, las mujeres suelen competir en secreto y entre bastidores. Esta pugna secreta y esta agresión indirecta forman el núcleo de la mala conducta de las mujeres en el trabajo.

¿Mito o realidad? ¿Su difusión, o su exacerbación, es fruto de miles de años de sistema patriarcal? Lo cierto es que es muy común toparse con mujeres misóginas en el transcurso de la vida profesional, con mujeres que usan su poder contra otras mujeres y que pueden llegar incluso a acosarlas. La mayor parte de las quejas por acoso laboral en Francia han sido presentadas por mujeres y, cada vez más, contra mujeres.[10]

Si bien el síndrome de la abeja reina está teñido de esencialismo y ha pasado un poco de moda, como señala Marianne Cooper, da fe «de la dificultad de las mujeres a abrirse paso en las cadenas de mando». La profesora Susan Shapiro lo confirma: «A menudo, cuando una mujer llega a lo más alto del escalafón, ha pasado por tanto que, en lugar de mostrar solidaridad con sus congéneres, quiere estar solo en compañía de hombres, disfrutar del poder y de la dinámica de seducción».[11]

Cooper apunta, no obstante, que algunas mujeres asumen un papel opuesto al de la abeja reina, el de la mujer «justa». Se trata de una dinámica en la que las mujeres se apoyan, se animan, se devuelven favores y cooptan entre ellas.

Lesley, diseñadora de 34 años, trabajó algunos años para una marca de moda británica de lujo, una mediana empresa. Relata su experiencia espantosa con una jefa, que le daba una de cal y otra de arena.

«Alexa, mi jefa, tenía sus favoritas. Si tenías suerte todo era fantástico, pero si cometías un error, ahí sí, te caías del pedestal y lo único que podías hacer era arrastrarte para recuperar su confianza.

»Fue difícil, precisamente porque era una mujer. Era como si te dijeran a la cara: "Si yo puedo hacer malabares y salir adelante con todo lo que hay que hacer, tú también puedes. Y si no lo consigues es que eres débil". Esta era la mentalidad que reinaba en la empresa.

»Creo que las mujeres tratan a las demás mujeres con mucha más dureza. Se nos valora menos que a los hombres. Despertamos interés a la hora de las entrevistas de trabajo, pero decae en cuanto empezamos a trabajar, somos de usar y tirar, un pequeño eslabón de la cadena.

»Cabe señalar que, ya en la escuela de moda, nos preparaban para estar unas contra otras porque, en general, siempre había alguien que triunfaba más que las demás. Como es lógico, dudábamos a la hora de compartir nuestros planes para conseguir unas prácticas, ya que teníamos miedo de que la mejor de la clase nos quitara el lugar. También éramos muy discretas si nos enterábamos de que buscaban a alguien en una empresa, porque presentíamos que era la única oportunidad que nos quedaba para trabajar en la moda. Fue verdaderamente difícil. Sin duda es ahí donde esta cultura de la rivalidad se afianza, empieza en la escuela.

»Después, sucedía lo mismo para conseguir que nos invitaran a los eventos o a los desfiles; había que ser lo suficientemente *cool* e interesante para que los demás tuvieran ganas de aparecer en público con nosotras... Había que demostrar tu valía de manera constante a todo el mundo, estar actuando de forma permanente para ser aceptada. Pero ojo, si bajabas la guardia y mostrabas un aspecto desconocido de tu personalidad, entonces te echaban porque ya no encajabas con la visión requerida. Suponía el ostracismo.

»Las únicas amigas que hice tenían unos intereses completamente distintos a los míos; de este modo, nunca competíamos de forma directa, y a lo mejor yo era una especie de mentora para ellas. Como era un poco más mayor que la media en la escuela de moda, tenía un poco más de experiencia en mi haber y la compartía... un poco.»

El mundo de la moda es en su mayoría femenino, pero las mujeres que diseñan las colecciones de *prêt-à-porter* son una minoría. «De los 371 creadores al frente de las 313 marcas que participan en uno de los eventos este otoño, solo el 40,2 % son mujeres.»[12] Son muchas a las que llaman y pocas a las que eligen. Existe una gran sensación de escasez y se dan comportamientos que rozan la misoginia femenina y donde el síndrome de la abeja reina anida fácilmente.

PROHIBIDA LA RABIA

Cuando pensamos en las relaciones laborales con otras mujeres, soñamos con cierta complicidad o, por el contrario, consideramos si entrará en juego la rivalidad. En el primer caso, la proyección de nuestra imagen como la de una mujer bondadosa, amable y solidaria puede decepcionarnos. Este es el análisis de Annik Houel:

> No hay que hacerse ilusiones: las mujeres son hombres como los demás, sumisas en las relaciones económicas y de poder. Una directora general no será más solidaria con sus trabajadoras de lo que lo es un hombre con los suyos. La solidaridad femenina no existe en el mundo laboral. Y en contra de lo que se espera de ellas, las mujeres no son más amables que los hombres.[13]

Así es como lo expone:

> «Desde que son pequeños, los varones organizan su vida en términos jerárquicos y se pasan la vida tratando de evitar encontrarse en el nivel más bajo del escalafón. Para ellos, una de las maneras de conseguir la cima es comportarse como si fueran poderosos, aunque no se sientan así. [...] Las mujeres, por el contrario, no crecen en un sistema jerárquico. Para ellas, se trata de, desde pequeñas, ser amables y compartir equitativamente el poder.» Y si las formas de socialización cambian, «por norma general, las mujeres tienden a allanar las jerarquías entre ellas».[14]

Lo que llama la atención es la sorpresa no fingida de muchas mujeres cuando surgen tensiones, como si, entre mujeres, la colaboración fuera algo natural.

En algunos casos, ciertas mujeres también se sienten desconcertadas cuando su jefa las trata como amigas, les hace confidencias y se muestra cercana, incluso maternal. La mezcla de géneros es explosiva y, enseguida, cualquier demostración de autoridad se verá como una traición. Es preciso que regulen sus expectativas y mitiguen sus reacciones; en pocas palabras, que se adapten.

Como hemos visto, cuando el conflicto atañe a las mujeres, se «desdeña» y se reduce a una expresión pueril y patética. Al obligar a las mujeres a ocultar algunas emociones consideradas poco femeninas (como la ira), se les enseña que no está bien sentirlas. Tanto es así, que acaban sintiéndose culpables por experimentar la ira y se esconden. Por ese motivo, no aprenden a regular de forma saludable sus emociones. Un estudio llevado a cabo en 2018 por el Center for WorkLife Law y que se realizó en varios bufetes de abogados,[15] reveló una diferencia en la expresión de la ira en el trabajo:

> Los hombres que expresan ira en el trabajo ganan influencia, mientras que sus homólogas pierden influencia. [Se les preguntó] a los abogados si tenían libertad para manifestar su ira en el trabajo cuando un asunto lo justificaba y si tenían la sensación de estar castigados por mostrar agresividad. Los hombres blancos se sienten mucho más libres de manifestar su ira en el trabajo, más que ningún otro grupo, incluidos los hombres pertenecientes a minorías. [...] El 40 % de las mujeres pertenecientes a minorías y el 44 % de las mujeres blancas declararon sentirse libres de expresar su ira, [frente] al 56 % de los hombres blancos. [...] El 62 % de los hombres blancos declararon que no fueron penalizados por su ira o su agresividad, frente a menos de la mitad de las mujeres, con diferencias raciales mínimas. [...] En el ámbito de la

justicia y en otros sectores, expresar las emociones puede ser un factor fundamental para triunfar.[16]

Se espera que las mujeres adopten una actitud abnegada, que alivien, reconforten y mitiguen las tensiones, y no que entren en contacto con su propia ira. El control de uno mismo y de las emociones es, pues, fundamental para adaptarse a esta expectativa sociocultural. Al responsabilizarse de la carga emocional familiar, las mujeres responden a las expectativas de la sociedad. Pero, en su vida profesional, ¿qué hay de la ira? ¿Qué pueden hacer con los arrebatos y los problemas que las agitan? ¿Cómo consiguen aunar furia y sangre fría?

Una vez más, los preceptos sociales son claros y varían según los sexos. La ira de un hombre puede provocar pavor, pero suele suscitar respeto y atención. El estereotipo del hombre iracundo evoca al movimiento y la acción, conceptos positivos. Nos lleva al registro del poder de decisión, del liderazgo. La ira se asocia a la masculinidad. En cuanto a las mujeres, «se pelean», «discuten», pero evitan manifestar alto y claro su ira, so pena de ser tratadas de histéricas. La ira desvirtúa su supuesto tacto natural, hace que levanten la voz. Se les impone la delicadeza más propia de su sexo y que impide que se las perciba como arpías. Así pues, ¿qué pueden permitirse las mujeres?

Hillary Clinton pagó las consecuencias durante su campaña presidencial de 2016, e incluso antes. Publicó un libro titulado *What Happened*[17] en el que relata su difícil experiencia, en particular con respecto a su capacidad para controlarse y a no hacer alarde de su ira.

Paradójicamente, y pese a que cumplía los mandatos sociales, estos no la protegieron de la ira de las seguidoras de Trump, que la veían como alguien demasiado indiferente y carente de sinceridad.

> El lector tal vez se sorprenda al saber que una gran parte de las obras de Clinton sobre la ira hablan, en realidad, de los esfuerzos que ha hecho para contener sus arrebatos con el paso de los años. Describe cómo se fuerza a sonreír incluso cuando está triste y cómo, en un momento dado, le resulta tan difícil que le duelen los músculos de la cara: «Quizá he aprendido demasiado bien la lección que consiste en mantener la calma, morderme la lengua, clavarme las uñas apretando el puño y sonreír al mismo tiempo...», escribe en otra parte.[18]

La ira, como todas las emociones, tiene una utilidad adaptativa real. Nos permite defendernos frente a amenazas físicas, morales y psicológicas. Es una válvula de seguridad, una manifestación beneficiosa y liberadora que hace que nos sintamos vivos.

Aguantarse sin cesar y contener la ira sin canalizarla de forma saludable acaba por alimentar lo que no se dice y el rencor, que fomenta los conflictos enquistados y la agresión indirecta. Como dice la filósofa Sophie Galabru:[19] «La ira es una llama que calienta lo que se muere en la frialdad de lo no dicho, una chispa que reaviva lo que se congela en una sociedad». He aquí un ejemplo de los estragos de una rivalidad encubierta y tóxica.

Daphné, 27 años, es responsable de *marketing* y relaciones públicas.

«Antes de entrar en el meollo de la cuestión en cuanto a mi experiencia profesional, quiero precisar que a pesar de todo es más fácil ser amable y establecer lazos con las mujeres que con los hombres. Este ha sido mi caso durante mucho tiempo y, en cierto modo, siempre he tenido esa sensación. Por otra parte, ser amable con un hombre en la oficina no está muy bien visto, ya que tenemos miedo de que las demás mujeres consideren que estamos coqueteando. Por eso me sorprendió cuando descubrí la actitud traicionera de algunas mujeres con las que me había cruzado durante mi trayectoria de relaciones públicas. Me dejó fuera de juego.

»Las mujeres que trabajan juntas pueden optar por comportarse de dos maneras: o animan y motivan o tienen un comportamiento pasivo-agresivo. La mayoría de las mujeres han pasado por esto al menos una vez en la vida. Si hay un problema, los hombres son más directos, no dejan que las cosas se enconen. Entre las mujeres, un conflicto rara vez se neutraliza al momento, es todo más retorcido.

»Trabajé durante un año en Nueva York, en relaciones públicas en el ámbito de la moda, y fui más víctima de comportamientos pasivo-agresivos que de actitudes de apoyo o simplemente conversaciones francas y directas.

»Trabajaba con cuatro mujeres. Una de ellas tenía complejo de superioridad y me asignaba tareas que no formaban parte de la descripción de mi puesto. "¿Puedes ir a buscarme un *bagel* a la cafetería de abajo?", "Quería un *latte*, no un expreso" (lo cual era mentira). "¿Terminaste las tareas de hoy?", "¿Estás tomando notas entonces?", me preguntaba, a pesar de que me veía tomar notas mientras la escuchaba. Una vez, incluso se atrevió a plagiar en su totalidad una de mis ideas para una nueva marca. Me enteré cuando la vi hacer una presentación a nuestra jefa y atribuirse mi idea... ¡y recibir las felicitaciones! Me quedé pasmada.

»Otra chica, que no formaba parte de mi equipo pero que necesitaba interactuar conmigo a diario, se obsesionó conmigo desde que nos conocimos. No había ningún motivo, era, por así decirlo, instintivo. No tenía pelos en la lengua y, muy a menudo, se permitía el lujo de hacer comentarios. En el restaurante con clientes: "Pero ¿por qué no comes pasta?, ¿estás a dieta?". Tras un evento y una jornada de quince horas: "¿Por qué no quieres venir con nosotros al antro esta noche? ¡Pero qué mal te ves!". O de nuevo en la oficina: "¿Te acordarás de lo que acabo de decirte?", justo después de haber hablado conmigo. Después supe que su actitud tenía un nombre: *gaslighting*,[20] una forma de manipulación que hace que la víctima dude de su memoria, de su percepción de la realidad; en definitiva, que le hace creer que está loca. Así pues, ella distorsionaba de manera sistemática lo que yo había dicho en una reunión y me vetaba después cualquier intervención. Sus comentarios hirientes y sus mentiras me molestaban tanto que nunca sabía cómo responder. Soy más bien educada y discreta, y, aunque estaba furiosa, me costaba demostrarlo por miedo a que me tomaran por loca y perder mi trabajo. Tuve que controlarme todo el tiempo.

»En muchas ocasiones, intenté varias formas de comunicación para acabar con este tipo de relación que me había hecho enmudecer. Pero nada sirvió. Lo que me molestaba no era la carga de trabajo, sino su actitud, que, poco a poco, mermaba mi confianza. Nunca se pasó hasta el punto de considerarlo acoso, pero su lengua viperina me hacía daño y me hacía dudar. Yo cerraba la boca, ponía cara de póquer y me mordía la lengua para contener la ira. Me sentía paralizada y pequeña. A pesar de que había una jefa que me daba una dosis justa de reconocimiento profesional, no me atreví ni por asomo a buscar protagonismo ni a comunicarle mis logros y acabé convirtiéndome en una sombra de mí misma. Entonces decidí dejar ese ambiente tóxico.»

Daphné se cruzó en su camino con compañeras que debían verla como una posible amenaza (cabe precisar que es muy inteligente y muy guapa). Esas mujeres sufrían, sin duda, lo que se llama un «locus externo». Es decir, una actitud psicológica que mina la confianza en uno mismo y hace que sintamos una falta de control sobre nuestra vida, por lo que las vicisitudes se perciben como fruto del azar y se vinculan a factores exógenos que no podemos controlar. El fenómeno del locus externo en el tan competitivo entorno laboral solo puede avivar la rivalidad.

Con el tiempo, la represión de la ira, al igual que otras exigencias fruto de una visión estereotipada de la femineidad, tiene como consecuencia que las mujeres eviten las emociones y no muestren admiración por los demás. Caen en la envidia o, peor aún, en la *Schadenfreude* (en alemán, literalmente, el 'goce del daño'), esta alegría dañina que nos pone de buen humor ante la desgracia ajena y que se nutre de la rivalidad. Mientras que el mundo del deporte femenino alienta la competición, la agresividad bien empleada, el deseo de ganar y la percepción de la otra como una competidora a la que podremos abrazar después de la carrera o el partido, el mundo empresarial aún silencia la competencia.

Sin embargo, se están produciendo algunos cambios en la dirección correcta. Por ejemplo, la actriz Adèle Haenel, quien, durante la entrega del César como mejor director a Roman Polanski, abandonó de manera ostensible la sala gritando «¡Qué vergüenza!», se ha convertido en símbolo de una justa ira para toda una generación de feministas.

DOLOR DE MADRE

El mundo empresarial y su jerarquía cuestionan la relación de la mujer con la autoridad. Como hemos visto en el capítulo 3, el psicoanálisis identifica la relación con la madre como decisiva en la rivalidad con las mujeres que nos rodean. El fantasma de la madre también puede manifestarse en el trabajo. Annik Houel, psicóloga y profesora emérita de Psicología Social en la Universidad de Lyon 2, es la autora de una obra de referencia[21] sobre el tema. Comparte con Aldo Naouri la visión de que las mujeres reproducen con su jefa la relación con la autoridad materna. Podrán soportar algunos abusos por parte de un colega o un jefe, pero analizarán cada intento de autoridad que provenga de una mujer en términos de la relación con su madre. En caso de desacuerdo, buscarán la ayuda de un hombre porque pensarán que es lo más fácil.

El panorama interpersonal femenino en el mundo laboral se ve, por tanto, socavado, a veces de manera inconsciente y a menudo contra todo pronóstico.

> Las mujeres están más acostumbradas a analizar las relaciones en términos de afectos. Eso no proviene de su naturaleza, sino de la educación recibida. Han aprendido a estar atentas a la calidad de las relaciones, a ver el mundo a través del prisma psicológico. Entonces, cuando están en el trabajo, viven las cosas de forma mucho más pasional. Dicen «mi jefa ya no me quiere». Un hombre no piensa en estos términos. Lo primero que ve son las lógicas jerárquicas, las lógicas del sistema, no piensa en términos de amor.[22]

A algunas mujeres les cuesta aceptar la autoridad de una de ellas. Sienten envidia y celos ante una superior que ocupa un puesto al que ellas aspiraban. El hecho de que otra lo haya conseguido puede acarrear cierta insatisfacción, incluso vivirse como un fracaso.

Annik Houel ha analizado las relaciones laborales desde el punto de vista de los vínculos madre-hija y su ambivalencia, y se ha dado cuenta del impacto de las imágenes de la buena y la mala madre. Houel ha recogido el testimonio de muchas mujeres y ha analizado el lenguaje que emplean en los puestos directivos. El campo léxico utilizado suele ser el de la maternidad: «las chicas», «los niños», etcétera. Las empleadas, infantilizadas y privadas de toda responsabilidad por superiores entrometidas, se encuentran, por lo tanto, bajo la autoridad de una nueva madre que revive la «omnipotencia maternal».

Pascale Molinier, psicóloga y profesora de Psicología Social en la Universidad Sorbonne Paris Nord, ha llevado a cabo un estudio en el ámbito hospitalario.[23] Ha observado «cómo el recuerdo de comentarios despectivos hechos por enfermeras a cargo de alumnos sigue vivo mucho tiempo después, sobre todo cuando son de carácter íntimo y manifiestan la intromisión materna en el cuerpo de la hija, por ejemplo: "Señorita, use desodorante"».[24] Molinier también señala que las enfermeras se sienten más cómodas con la agresividad de los cirujanos que con la de las cirujanas. Según ella, aunque se ejerza de forma inconsciente, la seducción suaviza las relaciones sociales de género.

Escapar al control de la madre para encontrar una figura maternal en el puesto de trabajo, puede vivirse como un sufrimiento, conducir al recuerdo de un periodo vergonzoso de la infancia o la adolescencia, provocar un profundo malestar y llevar a situaciones de conflicto.

Ante esta situación, Belinda, asistente legal de 32 años, ha perdido el norte y la salud.

«Hace cuatro años, me contrataron en un nuevo bufete que, según me dijeron, tenía las condiciones de trabajo ideales, una jefa indulgente y unos abogados eficaces y humanos. Las primeras semanas fueron de ensueño. Celebramos mi llegada y trabajé mucho, pero los superiores me mostraban su gratitud, así que creí que había aterrizado en el paraíso.

»Dos meses después de mi llegada, se reincorporó una abogada tras una baja médica. Me daba el doble de trabajo, me dejaba llevar su agenda y sus expedientes y redactar sus conclusiones. Era una persona exigente, pero yo lo aceptaba todo con una sonrisa y me decía a mí misma que estaba aprendiendo. Además, era extremadamente maternal: traía cuernitos en la mañana y saludaba a todos a voz en grito: "¿Qué tal los niños?". Pero empezó a hacerme comentarios, nada muy agresivo y siempre mostrando una enorme sonrisa. Después llegaron los correos, también muy alegres y llenos de emoticonos, y los "Feliz tarde, guiño, guiño" tras haberme pedido un informe de cuarenta páginas, a las ocho de la tarde, para el día siguiente a primera hora, cuando le había dicho que era mi aniversario de boda... Apreté los dientes y seguí haciendo lo que me pedía. Justo antes del verano, organizó una fiesta en el bufete. Al día siguiente, todo el mundo estaba exultante y lo comentaban en la pausa del café. Entonces se voteó hacia mí: "Lo siento, olvidé incluirte en el grupo". Todos sabían que no podía tratarse de un olvido. Ella continuó con la labor de exclusión para subsanar algunos de sus errores profesionales: ante el olvido de un expediente o de una cita, cada vez me cargaba el muerto "porque es menos grave si viene de mi ayudante, somos una familia, nos ayudamos mutuamente, ¿sabes?". Se hacía pasar así por una víctima de mi ineptitud, todo ello mientras me colmaba de cumplidos y de pastelitos caseros.

»Tras un año de humillaciones, de kilos perdidos, de noches en vela, de cuestionamientos que me volvían loca, de taquicardia y de marginación, fui a ver a la jefa, que era cómplice: "¿Qué quieres? Es una abogada excelente, no puedo prescindir de ella". Entonces le presenté mi renuncia. Luego envié un correo a mi verdugo, con copia a todo el bufete, dándole las gracias por todos los expedientes de última hora, los cafés que me reclamaba todas las mañanas, su excelente gestión del tiempo y, sobre todo, sus sabios consejos en temas de pareja, con corazones y guiños en cada línea. Un mes después, me incorporé a un bufete donde todo funciona muy bien, la gente es humana y ninguna mujer se cree mi madre. Ya me ha costado librarme de la mía, no necesito una que la sustituya.»

A las mujeres que dirigen a otras mujeres les cuesta encontrar el equilibrio: ni madre ni amiga, necesitan una dosis justa de autoridad y empatía. Sobre todo les resulta complicado porque no escapan a las órdenes contradictorias: si son demasiado autoritarias son unas malvadas y se les acusa de adoptar una actitud viril defensiva; si son demasiado amables son débiles, intentan complacer y no tienen agallas para dirigir... Por suerte, muchas de ellas logran encontrar su propio estilo de dirección sin estar continuamente bajo un escrutinio desmesurado. Demuestran que son profesionales y humanas, y consiguen mantener un equilibrio. Volveremos sobre este tema en el siguiente capítulo.

Resulta a la vez aterrador y tranquilizador constatar que las mujeres pueden comportarse así en las empresas. Aterrador porque siempre esperamos estar representadas de la mejor manera posible y que la actitud misógina de estas directivas nos disuada de imitarlas. Tranquilizador porque, en contra de las ideas preconcebidas, las mujeres no siempre actúan para gustar a los hombres. Esta es, precisamente, la divertida constatación de Annik Houel:

> Da la impresión de que la inmensa mayoría de las veces, las rivalidades entre las mujeres en el trabajo no preten-

den «captar la mirada o el amor de los hombres», una explicación que es el planteamiento más frecuente para garantizar el poder masculino.[25]

LA INCOMPRENSIÓN

Jeanne, fotógrafa de 45 años, experimentó la rivalidad en un lugar y un entorno inesperados.

«La mujer de uno de mis amigos había trabajado como voluntaria en una asociación de cuidados paliativos. Cuando me contó su experiencia yo vivía en el extranjero, pero me pareció tan interesante que me dije que, si un día volvía a Francia y hacía voluntariado, sería en una unidad de cuidados paliativos. Para mí, la muerte es el desafío final, algo que me asusta y fascina a la vez.

»Cuando volví a Francia, dos años después, presenté mi candidatura para esta asociación, esperando estar a la altura del cometido. El proceso de selección me tranquilizó: necesitaban mi CV, una carta de motivación y dos entrevistas, una con una psicóloga del hospital y otra con la responsable de la asociación. La psicóloga se aseguró de que no había pasado por ningún duelo traumático reciente, etcétera. Luego conocí a la responsable de los voluntarios y me pareció que dirigía perfectamente la entrevista: era una mujer muy interesante, honesta, no demasiado afectuosa, y su profesionalidad me tranquilizó de inmediato, acalló todas mis dudas.

»Con el paso de las semanas y los meses, descubrí una persona con un comportamiento arribista. Era muy eficaz, se encargaba de ciento veinte voluntarios, de la planificación, de las limitaciones drásticas en la formación, de los grupos de apoyo obligatorios, de las supervisiones con psicólogos... en definitiva, igual que si llevara una empresa. Empecé a hacer este voluntariado, que es duro psíquicamente y a veces precisa de apoyo moral, buscando la aprobación de esta mujer. Un día podía ser encantadora y, al día siguiente, absolutamente insoportable, no escuchaba lo que le decía; tenía un carácter ciclotímico y contaba con sus cabecillas y sus preferidos, que formaban una especie de corte que se movía al son de sus sonrisas. Era capaz de abrazar a alguien a mi lado y no saludarme, como si fuera invisible. Cuanto más me ignoraba, más trataba yo de que me aceptara y apreciara; rebosaba interés y entusiasmo, los profesionales de la salud me apreciaban, intervenía en las reuniones. Me enviaba al frente, pero no me daba ningún reconocimiento. Y cuanto más me maltrataba, más empeoraban las cosas. El puesto de voluntario puede ser debilitante. Ella misma no contaba las horas que hacía, pero era autoritaria, en ocasiones mala persona, e incluso hizo que algunos buenos voluntarios renunciaran. Nada más empezar me traumatizó, cuando me fulminó con la mirada por llegar dos minutos tarde a una reunión del equipo. En ocasiones, empezaba la jornada con un nudo en el estómago. Luego me sorprendía con un comentario amable, pero lo hacía para ser aún más hiriente la siguiente vez. Me empezó a molestar mucho y un día lo hablé, de manera confidencial, con la psicóloga en un grupo de apoyo. Y fue toda una revelación. Me desahogué acerca de la severidad de esta mujer y admití que no entendía por qué me reservaba este tratamiento especial, a pesar de mi "ejemplaridad", mientras que era cordial con los demás voluntarios. Y en ese momento, la reacción unánime del grupo de apoyo fue: "Bueno, Jeanne, ¿no te has dado cuenta de que tiene celos de ti? Llevas un apellido importante, tienes muchos estudios y un físico que envidia, es así de simple".

»La psicóloga fue al quid de la cuestión y me dijo que tenía que dejar de intentar caerle bien a toda costa, que tenía que aceptar que no le gustaba, que debía aguantar esta falta de reconocimiento, que no era problema mío, sino suyo, lo cual fue muy liberador. Después añadió que tenía que hablar con ella y decirle que su actitud me dolía y que me hacía sentir incómoda. Las palabras de los demás voluntarios fueron un bálsamo para mi ego. Seguía sin atreverme a enfrentarme a ella y, al día siguiente, me envió un correo: quería que diera una plática en un instituto en el quinto infierno la semana siguiente. Me negué y le dije que no tenía disponibilidad. Y su actitud dejó de hacerme sufrir. Me fui de la asociación unos meses después, invité a todos mis "compañeros" a la inauguración de mi exposición fotográfica; ella pasó por la galería cuando yo ya no estaba y jamás me dijo lo que pensaba.

»Nunca habría imaginado que pudiera sentir celos, a pesar de que era quince años mayor que yo. Tal vez estaba rellenita, pero parecía segura de sí misma, daba la impresión de no pasar de la moda y de su aspecto. Pero, sobre todo, lo que para mí no tenía ningún sentido es que se dedicara a estos juegos de rivalidad mientras trabajábamos en cuidados paliativos, el lugar de la abnegación, donde se supone que uno debe olvidar sus orígenes, su aspecto y su fortuna para ayudar a los demás.»

Al igual que Jeanne, a menudo, cuando intentamos entender por qué una mujer nos ve como una rival, no le encontramos el sentido. En ocasiones, basta con intercambiar unas palabras para resolver el «malentendido».

Sin embargo, estamos tan acostumbradas a reproducir modelos que nos cuesta poner fin a la rivalidad.

En la novela *Criadas y señoras*,[26] de Kathryn Stockett, las jovencitas de la alta sociedad estigmatizan al personaje de Miss Skeeter porque se niega a practicar la segregación entre los blancos y los negros aún vigente en la época, y porque quiere trabajar, cuando todas sus amigas solo piensan en casarse. Basta con que acepte conocer a un chico para volver a formar parte del grupo. Pero que se permita alejarse otra vez, defender sus diferencias, su libertad... hará que todo el mecanismo de la violencia se ponga en marcha de nuevo.

LAS GARANTES DE LA TRADICIÓN

Las mujeres que se atreven a romper con las tradiciones marcan el camino, pero pagan el precio y no solo sufren la ira de los hombres, sino a veces también la de las mujeres.

Las primeras mujeres en llevar pantalón fueron consideradas travestis que provocaban al orden patriarcal. El historiador Denis Bruna, especialista en moda, nos recuerda un decreto del prefecto de policía de París del 7 de noviembre de 1800:

> Informado de que muchas mujeres se travisten y quieren llevar ropa de hombre, se promulga un decreto por el cual si una mujer quiere llevar pantalones, debe solicitar a la prefectura de policía «un permiso de travestismo» con un motivo concreto, médico o profesional.[27]

Los hombres no fueron los únicos en poner el grito en el cielo. Algunas mujeres se ponían del lado de sus maridos, sin lugar a dudas por conformismo y por miedo al cambio.

En el ámbito de la religión tampoco es bueno reinventar las tradiciones. Delphine Horvilleur fue una de las primeras rabinas, y comenta:

> Lo que más me preocupaba, durante los primeros años, era que los mensajes más agresivos solían provenir de mujeres. Siempre es molesto ver que la mayor resistencia al progreso de las mujeres —a su acceso a cargos reservados a los hombres— procede de las propias mujeres. Son, en cierto modo, las guardianas del templo. Esto sucede en todas las tradiciones religiosas. Lo que ocurre es que hay algunas mujeres a las que les dicen: «Ahí está tu ámbito asignado, ahí está tu ámbito reservado», y, por eso, sienten que el acceso de otras mujeres a cargos políticos o de poder en una jerarquía religiosa cuestiona su ámbito designado. Hoy en día, percibo una menor resistencia.[28]

El cambio puede asustar, pero la sociedad se transforma. Las mujeres ya ocupan todos los bastiones del poder, de la religión y de la política. Apoyarlas sería liberador y contribuiría a garantizar cierta libertad.

EL CASO PARTICULAR DE LA POLÍTICA

En ocasiones, basta con adoptar una actitud franca y directa para apaciguar la rivalidad. En la política, el sexismo sigue estando a la orden del día, y aún se juzga a las mujeres por su físico, su vestimenta y su voz. Ségolène Royal tuvo que trabajar con especialistas para rebajar su tesitura de voz y conseguir que fuera más grave. Si además debemos esquivar los ataques procedentes de otras mujeres, la política puede ser complicada.

Hemos preguntado a Delphine Malachard des Reyssiers, concejala de París y delegada de Asuntos Escolares de la alcaldía del distrito 8, si había tenido rivalidad con otras mujeres a lo largo de su carrera.

> «Resulta que mi trayectoria como concejala de París se la debo a una mujer, Jeanne d'Hauteserre, la alcaldesa del [distrito] 8, también mujer y a quien me presentó una de sus amigas. Yo ya la conocía de antes, cuando formé parte del jurado del concurso de oratoria del instituto Fénelon, donde ejercía de profesora, y ella era la encargada de poner la Medalla de la Ciudad de París a los finalistas en calidad de alcaldesa. Luego, gracias a su amiga, volví a verla en una o dos ocasiones, y me propuso estar en su lista electoral. Es una mujer de palabra. Me reconozco mucho en su forma de hacer política, en sus declaraciones, en su forma de actuar. Es una mujer muy íntegra, muy directa, y eso ahorra tiempo. Yo era consciente de que el 8 era un distrito importante: está el Elíseo, el Ministerio del Interior, los Campos Elíseos, veintisiete embajadas, el Arco del Triunfo (aunque esté en tres distritos). Y sabía que la política era un mundo muy violento. Me habían advertido que, como mujer, se me juzgaría por mis ideas, aunque también por mi físico, mi voz y mi forma de vestir.
>
> »Tengo intolerancia al gluten desde que era pequeña y, debido a esta alergia, me salieron manchas en las piernas

y no llevé vestido hasta los 16-17 años. Siempre he tenido muy buenas amigas, pero me sentía más a gusto con los chicos porque me parecía que se andaban con menos reproches, que con ellos era más fácil. Competí en equitación y practiqué karate durante quince años (soy cinta negra). Así que estaba rodeada de chicos y me comportaba como ellos. No tenía nada contra las chicas, pero a veces las oía hablar a mis espaldas; entonces iba a buscarlas, les preguntaba cuál era el problema y me respondían: "¿Cómo crees? ¡Ninguno!", y me sacaban de quicio. Odio la injusticia.

»He conocido a algunas mujeres celosas, pero no pasa nada, me lo tomo todo con humor y saco mi mejor sonrisa. Y, si la cosa va demasiado lejos, intento hablar de lo que está mal... Esto me ha pasado dos veces: con la primera, me lo tomé a broma y ahí quedó la cosa; a la segunda, mi entorno la llamó al orden.

»Cuando llegas a la política, tienes un montón de amigos nuevos pero la gente se regodea cuando las cosas van mal: "Es terrible lo que te pasa, debe de ser difícil, pobrecita". Desde luego, estos comentarios pueden venir de hombres, pero en su mayoría tienen una naturaleza muy femenina... y no puede haber respuesta a eso; son los celos, si no no se explica. Y a veces a lo mejor te acusan de ser demasiado esto o demasiado aquello, demasiado alta, demasiado delgada... pero si soy delgada es porque no puedo comer lo que quiero debido a mis alergias, ¡no voy a pasarme la vida dando explicaciones!

»Siempre soy muy positiva, siempre veo el vaso medio lleno. Cuando llego a un lugar, saludo, soy de sonrisa fácil. Si mi energía y mi entusiasmo molestan a los demás, no es mi problema. Además, creo que el hecho de haber estado a punto de morir a los ocho años (a causa de esta intolerancia al gluten) me ha hecho ser muy positiva, aunque también distinta. Da igual adonde vaya, siempre me siento diferente.»

Delphine Malachard des Reyssiers es resiliente. Elude los conflictos y la rivalidad gracias al humor, hablando de lo que no va bien y evitando la actitud pasivo-agresiva que causa estragos entre las mujeres. Haber sido educada «como un chico» le ha inculcado un modelo saludable de competencia, donde la rivalidad es un problema de las demás mujeres, no el suyo.

Françoise de Panafieu, exministra y diputada de la UMP de París, contó al periódico *JDD* que creía en la solidaridad femenina: «Nunca me río de las declaraciones machistas, contesto por mis colegas más jóvenes, que no se atreven a defenderse».[29]

La técnica del *amplifying*

Ya sea en política o en el ámbito corporativo, es importante hacer nuestra contribución y servir de amplificador a las colegas para que se oiga su voz. Es lo que los estadounidenses denominan la técnica del *amplifying*. Creada durante la Administración Obama, esta técnica pretende reforzar la palabra de las mujeres en las reuniones. Basta con retomar y repetir una idea verbalizada por una compañera para que se escuche con claridad. Se trata de una caja de resonancia necesaria y un instrumento de apoyo formidable frente a los sesgos sexistas. «Las investigaciones de la lingüista Kieran Snyder han mostrado que, en la industria tecnológica, los hombres interrumpían el doble de veces que las mujeres, pero cuando las mujeres interrumpían a sus compañeros, tenían el triple de probabilidades de interrumpir… a otra mujer.»[30] Así que ¡viva el *amplifying*!

¿MÁS SOLIDARIDAD EN LAS MINORÍAS?

Cuando se forma parte de una minoría, se observa que la rivalidad entre las mujeres es menor. Esa es la razón por la que las mujeres, generalmente en minoría en algunas empresas, se sienten dolidas cuando sus compañeras no son solidarias.

Ariane, 42 años, puericultora en las afueras de Londres, está casada con Angie, 43 años, enfermera. Ambas creen que hay más empatía entre las mujeres homosexuales.

«Somos más solidarias y menos críticas que las mujeres hetero. Aquí, en el Reino Unido, somos muchas las que trabajamos en los servicios sociales, en el ámbito de la salud mental y los cuidados. Es sin duda una consecuencia del thatcherismo y del artículo 28, una enmienda ya derogada, pero que tuvo una fuerte repercusión en la comunidad gay. Esta enmienda prohibía la promoción intencionada de la homosexualidad o la publicación de documentos con la intención de promover la homosexualidad. También comprometía las carreras docentes. En resumen, en algunos sectores conllevó muchas complicaciones y, al final, la fraternidad y la solidaridad entre homosexuales jugó un papel importante, cuyos efectos seguimos viendo hoy en día.

»Y, además, trabajar con otras mujeres lesbianas es más sencillo, evitamos el "*male gaze*", tenemos menos presión sobre el aspecto físico y todo es más relajado.»

Solveig, 37 años, orientadora en un instituto de provincias, comparte este punto de vista.

«Todavía cuesta escapar a algunos prejuicios cuando se vive, como yo, en una pequeña ciudad de provincia, así que es inevitable que, cuando me reúno con otros compañeros profesores que son homosexuales, nos demos aliento. Es un reflejo de las minorías, también es un entorno más positivo, menos tóxico, menos estrecho de mente... Por suerte, vemos que entre los jóvenes los prejuicios tienden a desmoronarse.»

Anjali, 25 años, ha estudiado Ingeniería en una prestigiosa universidad estadounidense. Poco después de finalizar sus prácticas, la contrataron en una gran empresa tecnológica. Al principio, las mujeres de su departamento, que podían contarse con los dedos de una mano, la trataban con frialdad, no la invitaban a unirse a ellas a la hora de comer y ponían los ojos en blanco cuando hacía una pregunta «de principiante». Pero un día, como respuesta al lenguaje despectivo y a las bromas sexistas del equipo, en su mayoría formado por hombres, Anjali soltó un comentario mordaz y las mujeres la apoyaron, se acercaron y se dieron cuenta de que juntas son más fuertes.

> «Antes de que yo llegara, se asignaban todas las tareas imposibles a las mujeres, sin que vieran nada de malo en ello. Cuando fuimos todas juntas a quejarnos a nuestro jefe las cosas cambiaron. Ahora, cuando algunos comportamientos son sexistas los enfrentamos, compartimos nuestra experiencia e incluso nos hemos inscrito a un club que estaba reservado hasta entonces a los hombres (sin que hubiera ninguna norma explícita que prohibiera la entrada de las mujeres). Las relaciones se han calmado y el ambiente es mucho mejor.»

WORLD WI(L)DE WEB

Caroline Cala Donofrio es una autora, bloguera y novelista estadounidense. Cada semana, comparte en una *newsletter* sus reflexiones sobre las relaciones, el trabajo, la escritura y otras cuestiones humanas. En diciembre de 2021, relató una experiencia de rivalidad sorprendente, que incluía ataques de troles (en el argot de internet, son personas que se dedican a polemizar sobre tu contenido o sobre ti). Su escrito se titula «Identifica tu trol». Caroline explica que los comentarios y los problemas empezaron cuando sus lectores pasaron de una decena de personas conocidas a varios centenares que no conocía.

> Cada vez que compartía un escrito —es decir, dos minutos después de publicar un mensaje— aparecía una tormenta de insultos. A veces solo uno, a veces unos cuantos [...]:

«Pésima escritora», «Exagera», «Pluma horrible», etcétera.

Harta de la violencia de los comentarios, Caroline dejó de escribir para sí misma durante cuatro años y se conformó con trabajar para revistas y marcas y cumplir con los encargos. Lo resume así: «Troles: 1, Caroline: 0».

Pero entonces se le metió en la cabeza escribir una *newsletter*:

> Los troles de internet pueden esconderse detrás de su anonimato, pero nada en internet es realmente anónimo. [...] Decidí ir hasta el *back-end* de mi blog para encontrar las direcciones IP de mis troles. [...] Había un patrón claro. Resultó ser que los comentarios eran sobre todo obra de un trol implacable. Y lo más sorprendente de todo es que era una persona que conocía. [...] ¿Por qué esta chica me odiaba tanto? ¿Qué le había hecho para que se ofendiera tanto? Mi lado racional decidió que, como cualquier trol, los comentarios dicen más sobre ellos que sobre mí. Entonces lo dejé correr.

Le preguntamos a Caroline Cala Donofrio qué sintió al descubrir que los comentarios de odio provenían de mujeres y qué recomendaba para afrontarlo.

> Para mí fue un suplicio. Nada personal: no derramé ni una lágrima ni interioricé su discurso, ni siquiera le di demasiada importancia a los comentarios de los troles. Pero me pareció penoso en un sentido más amplio. La intimidación

en internet es horrible, vaya dirigida a mí o a otra persona. Me parece inconcebible que alguien escriba palabras duras o dañinas a un perfecto desconocido. Y la idea de que una mujer pueda derribar a otra aposta fue un golpe duro. Tampoco me sorprendió mucho porque el 97% de mis lectores se identifican como género femenino. De manera racional, sin embargo, aún me cuesta entenderlo. ¿Por qué haría alguien esto? Como la persona empática que soy, siempre me parecerá que no tiene sentido.

He tenido la oportunidad de entrevistar a muchas mujeres, con un talento increíble, para artículos y libros, y a veces hablaban de la sensación de competencia que percibían. Sobre todo si se movían en una esfera muy visible: actriz, deportista de élite u otro personaje público. En estas profesiones, hay una competencia inherente ya que su carrera se basa en enfrentarse por conseguir papeles, competiciones o cargos. Pero, según mi experiencia, las mujeres que hablan de rivalidad suelen ser las más jóvenes. Cuando hablo con mujeres más mayores, que reflexionan sobre su vida y su trayectoria profesional, acostumbran a defender a las demás mujeres. Con el tiempo y la perspectiva, las ven menos como una amenaza y más como aliadas. Yo misma he aprendido a comprender la importancia de la sororidad con la edad. Al envejecer, el papel que el ego juega en mis decisiones es menos importante. Desde luego, quiero triunfar, pero ahora me doy cuenta de que lo importante de verdad es el progreso a gran escala. Quiero que todas las mujeres hagan grandes cosas. Quiero que las mujeres triunfen en la cultura, los negocios y la política. Mientras avancemos en conjunto, el hecho de que yo u otra mujer obtenga el éxito o los laureles es irrelevante. Lo mejor que podemos desear, cada una de nosotras, es que el mundo sea mejor para todas.

Para quien ha crecido en los años 1980-1990 (y hasta principios del siglo XXI), la cultura popular se ha centrado, a menudo, en la idea de la rivalidad entre las chicas y las mujeres jóvenes. (Me viene a la mente la película *Chicas pesadas*, pero es solo un ejemplo de una lista interminable de películas y series de televisión en las que las mujeres que intimidan a otras mujeres se consideran la norma.) Espero que a las generaciones futuras se les ofrezca otra visión, en la que las mujeres aprendan a celebrar los logros de las demás y apoyen los esfuerzos de todas. Espero que en el futuro haya menos ego y más equipo.

Mi recomendación, para todas las que aguantan los comentarios de los troles, es que consideren la situación en su conjunto. ¿Hacer daño a la gente? Si alguien hace todo lo posible por escribir comentarios no solicitados o palabras hirientes, has de saber que eso dice mucho de ellos y muy poco de ti. No dudes en tomar medidas, ya sea eliminando, reportando o bloqueando la fuente de los comentarios, o hablando de esta experiencia con alguien de confianza. Las miras de un trol son estrechas y su don de gentes deficiente, pero eso no significa que los tuyos deban serlo. Es valiente y encomiable encontrar un lugar, para ti y tu trabajo, en el mundo. Por favor, no pierdas eso de vista.

Las críticas siempre existirán. La sociedad no para de ensalzar a las mujeres menores de 30 años que han triunfado y a las mujeres menores de 50 años que dirigen un imperio. En el trabajo y en el amor, sin embargo, todas tenemos unos tiempos y un ritmo distintos. No todas vamos por el mismo camino, no todas disponemos del mismo tiempo. Es inútil rivalizar con una mujer que ha hecho realidad su sueño profesional un año o dos, o incluso diez años, antes que nosotras. Lo importante no es la carrera, sino la vida, donde lo esencial no puede reducirse a cifras. Caroline tiene un lema: «La vida no es una carrera. Es una fiesta. ¡Ven cuando quieras!».

6

SOLIDARIDAD Y SORORIDAD

> En un universo bastante absurdo, hay algo que no lo es: lo que podemos hacer por los demás.
>
> ANDRÉ MALRAUX

IDENTIFICAR NUESTRAS IMPERFECCIONES Y OLVIDARLAS

Para hablar de solidaridad y sororidad, hay que empezar por poner orden en la propia casa. Hace falta admitir nuestra tendencia a sentir la dentellada de la rivalidad y reconocer que no siempre respondemos de manera elegante. La escritora estadounidense Susan Shapiro Barash, que ha analizado las relaciones femeninas, confirma la necesidad de enfrentarse a la realidad:

> Tenemos que admitir que hay un problema. [...] Que si tu amiga te dice que tiene novio o está embarazada o que han aceptado a su hijo en Harvard, o cualquier cosa que se parezca mucho a uno de los objetivos que no has conseguido, tienes que dejar de despotricar contra ella en

secreto. Mira tu propia vida y repítete: «Vaya, ha triunfado. ¿Qué debo hacer? No porque ella lo haya logrado, sino porque lo necesito». Y ese logro no tiene por qué ser el mismo. Hay que dejar de oponerse y compararse.[1]

Nostra culpa, entonces. No estamos por encima de las demás mujeres, sino en el mismo barco. Nosotras también nos hemos rendido a esta práctica no muy honrosa que nos lleva a «putear» a las demás. «Ha engordado un poco, ¿no?»; «Oye, ¡ha envejecido un montón!»; «Se ha pasado con el bótox, ¿eh?» ¿Por qué decimos eso, sin darnos cuenta siquiera, como un reflejo condicionado? Para hacernos las interesantes, porque estamos acomplejadas por esos kilos de más, porque queremos sentirnos seguras de nuestro propio aspecto. Las críticas proceden, en su mayoría, de nuestra propia inseguridad y de las exigencias que hemos interiorizado. Hay que poner fin a estos automatismos para acabar con la rivalidad femenina. Tenemos que olvidarnos de estas reacciones.

Como señala la filósofa y escritora feminista bell hooks:

> Nos enseñan que nuestras relaciones con las demás mujeres merman nuestra experiencia en lugar de enriquecerla. Nos enseñan que las mujeres son enemigas «naturales» y que la solidaridad no existirá nunca entre nosotras porque no sabemos acercarnos las unas a las otras, que no debemos hacerlo y que no podemos conseguirlo. Hemos aprendido bien estas lecciones. Tenemos que olvidarlas si queremos crear un movimiento feminista duradero, sólido y coherente. Tenemos que aprender a vivir y a trabajar

en la solidaridad. Tenemos que aprender el significado y el verdadero valor de la sororidad.[2]

SOLIDARIDADES INSPIRADORAS

Por suerte, hay mujeres que han progresado bastante en el tema de la solidaridad femenina.

Es temprano por la mañana y estamos en un tren que nos lleva al sur, sentadas detrás de dos mujeres jóvenes que salta a la vista que trabajan juntas. Están preparando una reunión con un cliente y se ponen de acuerdo sobre el discurso. Luego, una de ellas saca su teléfono de última generación y busca una foto.

—Uf, mi novio tiene razón cuando me dice que soy superinútil y que no debería haberme comprado un teléfono tan sofisticado. No consigo configurar esta función y no sé cómo cambiar esta foto...

—Dame el teléfono —le responde su compañera. En un santiamén teclea, soluciona el problema y le devuelve el teléfono a la primera diciéndole—: Y ahora, ¡envíale una foto a ese bobo! Ya no eres una «superinútil».

El comentario nos saca una sonrisa.

Recopilamos otras anécdotas.

En el instituto, Sophie le dice a Natasha que tiene sangre en los jeans. Le pasa una toalla sanitaria y le da su suéter: «Toma, átatelo en la cadera y me lo devuelves mañana». Veinte años después, las dos chicas recuerdan, emocionadas, esta historia de primero de la ESO que forjó su amistad.

En el patio de la escuela, tres chicos se burlan de Elsa, una alumna de tercero de primaria que lleva lentes. «¿Qué tal, cuatro ojos?». Alice no va a en la misma clase que Elsa, pero cuando ve que los chicos le dan un empujón, decide intervenir. Es la mayor de sexto de primaria, y les dice: «Vayan a jugar más lejos, chiquillos, es fácil ser tres contra una... Por cierto, me encantan tus lentes, siempre he oído que los ojos bonitos merecen una vitrina». Elsa sonríe aliviada. No olvidará jamás esta anécdota y procurará dar siempre la cara por las demás niñas.

Estos ejemplos reconfortan. Es así como se forja la solidaridad femenina, la conciencia de pertenecer a una misma familia, a una tribu.

Pero ¿qué es la solidaridad? «Una relación entre personas que conlleva una obligación moral de ayuda mutua», según el diccionario. Según Émile Durkheim, uno de los fundadores de la sociología moderna, el concepto de solidaridad se basa en el vínculo social que une a los miembros de un grupo; dichos miembros pueden ser complementarios pese a sus distintas funciones sociales. Cuando este vínculo atañe a las mujeres, desdibuja la geografía, iguala el origen sociocultural y se pregunta sobre lo que es fundamental en nosotras: ¿qué es una mujer? En origen, un ser humano de sexo femenino que concibe y da a luz. Los cambios sociales recientes han ampliado esta visión estrictamente biológica y rechazan el enfoque binario del sexo, del género y de la sexualidad. Lo cierto es que la solidaridad entre las mujeres se define por un vínculo único que va más allá del secreto milenario del parto, del hecho de compartir una condición a menudo caótica, maltratada e invisibilizada. Una vez más, existen ejemplos fundacionales.

La isla de las mujeres

La isla de Ouessant, situada al oeste de la parte continental de Bretaña, se conocía antes como «la isla de las mujeres». Como suele ocurrir, las esposas de los marineros se ayudaban entre ellas cuando los padres y maridos dejaban su casa durante los largos meses de ausencia en la mar. Los historiadores señalan que las isleñas de Ouessant eran las auténticas cabezas de familia: trabajaban la tierra, cooperaban y contaban las unas con las otras, y constituyeron, hasta mediados del siglo XX, una sociedad casi matriarcal. La tradición se ha mantenido y las relaciones entre estas mujeres isleñas están marcadas por una gran solidaridad.

En la actualidad, hay numerosos ejemplos en los que las mujeres despliegan su empatía cuando identifican situaciones críticas para su género, ya sean situaciones en las que no les gustaría encontrarse o simplemente cuando son sensibles a su angustia.

Esto es lo que nos explica Christine, abogada de 37 años.

«El año pasado, tenía dos hijos que iban a primaria y trabajaba sin parar. Las madres de la escuela que organizaban cenas y pijamadas no me dirigían la palabra. A veces, me decían cosas del tipo "Dado que nunca estás ahí, he pensado que esta foto del espectáculo de Navidad podría interesarte...", que lo único que conseguían era hacerme sentir más culpable. Pero me encantaba mi trabajo y acababa de convertirme en socia, así que sus lecciones de moral me importaban un bledo. Y de repente, sin previo aviso, mi marido me dejó por una de sus alumnas. Me quedé el departamento y la custodia de los niños y noté un gran cambio porque antes, con sus horarios de profesor, se ocupaba mucho de ellos. A decir verdad, no me dio tiempo a autocompadecerme. Hacía malabares entre mi trabajo y mi nuevo papel de madre soltera. Naturalmente, avisé a la escuela, y mis hijos tuvieron que hablar con sus amigos. Y así, casi sin saberlo, se creó una red de solidaridad, que no tuve ni el lujo ni las ganas de rechazar. Las demás madres me traían comida en la noche, invitaban a mis hijos a una sesión de cenas-tarea después de la escuela y me ofrecían ayuda sin pedir nada a cambio. Gracias a esto, mis hijos han visto que su nueva vida es muy agradable y han podido pasar por este periodo con más fuerza de la que hubiera pensado. Fue muy tierno y conmovedor. En cuanto a mí, me rehíce bastante rápido. Aprendí a fijarme un horario y aproveché las vacaciones para devolverles el favor a mis nuevas "aliadas". Y comprendí que no se trataba de pena por su parte, sino de empatía, una bonita demostración de lo que puede ser la solidaridad femenina.»

Desde fuera, Christine aunaba con valentía y sin complejos su triple condición: mujer casada, madre y profesional. Sus logros eran intachables, lo que producía en las otras madres de la escuela una sensación de carencia si se tenían en cuenta las expectativas sociales. ¿No deben las mujeres triunfar en todos los frentes? Los comentarios irónicos y críticos dejaban traslucir la competencia, la comparación. Pero cuando Christine se encontró en una situación delicada, las demás mujeres la apoyaron casi sin pensarlo.

Este tipo de reacciones son bastante comunes cuando alguien está angustiado. Nos educan en la competencia y la comparación, pero cuando llega un contratiempo, las mujeres (al igual que los hombres) se unen y muestran empatía. Es una demostración de nuestra humanidad, un vínculo que nos recuerda que todos y todas pertenecemos a la familia humana, que nos hace sentir útiles y vivos.

En los últimos años, la palabra *solidaridad*, proveniente del vocabulario social, se ha visto sustituida por la palabra *sororidad*, que tiene una connotación más filosófica y que supone un auténtico reto.

SORORIDAD

> Cuando la vi sufrir por el insulto y el odio que se pudren en el abismo de la estupidez humana, quise cuidarla y cubrirla de flores para evitar lo peor. Eso es lo que hacen las hermanas.[3]
>
> JEANNE CHERHAL

La sororidad va más allá de la solidaridad. Más que ayuda mutua, es una forma de comprensión, la puesta en común de recursos, el reconocimiento de la otra mujer como una hermana. La palabra procede del latín *soror*, que significa 'hermana' (a veces, 'prima'). Aparece en la Edad Media y designa a las comunidades religiosas compuestas exclusivamente por mujeres.

También se encuentran «sororidades» en las universidades estadounidenses de finales del siglo XIX y principios del XX. Dado que no se admitía a las estudiantes en las fraternidades, esos clubs de chicos donde se aprende sobre la vida y la cooperación, ellas decidieron crear sus propias sororidades, que bautizaron con las letras del alfabeto griego, igual que las de los hombres. Así fue como nacieron Gamma Phi Beta y tantas otras.

En la década de los setenta, Robin Morgan, poetisa feminista estadounidense y miembro fundador de New York Radical Women, publicó una antología, *Sisterhood Is Powerful*, que dio origen a los movimientos feministas y cuyo eslogan proliferará en las manifestaciones feministas de las siguientes décadas.

En Francia, la palabra se usa desde hace poco. Empieza a adquirir importancia a raíz de un discurso electoral y, a partir de entonces, se vuelve de uso recurrente. El 7 de marzo de 2007, la diputada del Partido Socialista y candidata a las elecciones presidenciales Ségolène Royal pronunció un discurso sobre políticas feministas y recordó que la palabra *sororidad* aún no estaba reconocida:

> Hago un llamamiento a las mujeres, a las chicas, para que la política cambie por fin, para que nuestra vida cambie por fin. Hago un llamamiento a los hombres y a las mujeres de este país para cuestionar los patrones demasiado simples. Tenemos todas las de ganar si reconocemos

> la igualdad en la diferencia. Y si esta palabra se aceptara, igual que cuando decimos libertad, igualdad y fraternidad, hoy, aquí en Dijon, haría un llamamiento a la sororidad.[4]

Bérengère Kolly, profesora titular de Ciencias de la Educación en la Universidad Paris-Est Créteil, da clases en el INSPE (Instituto Nacional Superior del Profesorado y de la Educación) de Créteil, en Livry-Gargan. Es especialista en temas de educación escolar. Kolly cuestiona esta «omisión» de la sororidad, cuyo femenino es absorbido por el concepto omnipotente de fraternidad (el masculino siempre prevalece). ¿Acaso nombrar las cosas mal no añade desdicha al mundo?

Kolly retoma los trabajos históricos y filosóficos de los últimos cuarenta años y observa que la fraternidad ha equiparado los espacios democráticos con los espacios masculinos. Señala la ausencia de representación real, imaginaria y simbólica del vínculo femenino: carecen de un modelo, el único que tienen es el fraternal, que las excluye:

> Las mujeres no dicen «nosotras», afirma Simone de Beauvoir en *El segundo sexo*, lo que podría explicar la ausencia de sororidad. Invocar la fraternidad entre hermanas equivaldría a ratificar esta incapacidad, propiamente femenina, de establecer un vínculo que pueda ser universal y universalizable. [...] Si se estudia con atención la masculinidad de la fraternidad, se ha de hacer lo mismo con la ausencia de sororidad entre las mujeres. También es necesario dejar atrás la mención aparentemente unívo-

ca de lo universal. Por una parte, para entender los mecanismos jerárquicos y excluyentes de la fraternidad; por otra, para comprender lo que entraña la capacidad real del concepto sororal. [...] Por tanto, es en la articulación con la fraternidad que la sororidad encuentra su primer propósito: cuestionar de forma radical una expresión fraternal que es a la vez universal y excluyente. En consecuencia, es en su enunciación que la sororidad encuentra su fuerza de subversión y, por qué no, de creación. Es la promesa de otra forma de pensar las relaciones entre los hombres, entre las mujeres y entre los sexos. La sororidad nos enseña la utilidad y la necesidad de una aproximación política, real y simbólica a la relación entre las mujeres, que aún está por describir y examinar.[5]

Un ejemplo de sororidad: las beguinas

A finales del siglo XII, en el norte de Europa, las mujeres solteras o viudas de hombres que habían emprendido cruzadas se reagruparon en comunidades laicas: los beguinajes. Nacieron en muchos lugares, incluso en Francia. Las beguinas eran mujeres libres, orantes, que llevaban una vida sencilla y una pobreza evangélica, pero que no profesaban los votos perpetuos. Su regla fundamental era la ayuda mutua.

Aline Kiner, autora de *La Nuit des béguines*,[6] se interesa por esta comunidad iconoclasta en su novela. Cuenta:[7] «Estas mujeres consiguieron, en plena Edad Media, una independencia casi total. No estaban sometidas ni a la autoridad masculina ni a la de la Iglesia. [...] San Luis creó para ellas el gran beguinaje de París, en el Marais [...]. Las instaló allí porque era un territorio fuera de cualquier señorío, lo que las protegió de cualquier otra sumisión. [...] Estas mujeres practicaba su religión de una forma totalmente excepcional. Con total libertad. ¡Y predicaban! Traducían la Biblia y otros textos religiosos en francés vulgar y los enseñaban en su escuela. Esto era algo totalmente excepcional para los laicos, y más aún para las mujeres. La religión estaba en boca de los hombres, no en la lengua de las mujeres».

La excesiva libertad de las beguinas acabó por irritar a la Iglesia. Algunas fueron condenadas a la hoguera. En 1311, el movimiento fue reconocido como herético por el Concilio de Viena. Sobrevivió aquí y allá, sometido a un marco más rígido, y acabó por desaparecer en 1470, excepto en Bélgica, donde las beguinas se unieron a la Iglesia y perpetuaron la tan apreciada solidaridad hasta finales del siglo XIX.

#METOO

La expansión del concepto de sororidad fue una de las consecuencias del movimiento #MeToo en 2017. Las mujeres que habían padecido violencias inenarrables y que se sentían solas en su sufrimiento, invisibilizadas, diferentes, e incluso a veces avergonzadas, pusieron fin a la ley del silencio con un *hashtag*. Lo que era íntimo se convirtió en universal y las unió y conectó como pocas veces antes. Desde entonces, nos codeamos con la sororidad y tratamos de dar forma al concepto que hay detrás de la palabra. Y aunque tenemos conciencia de que esta revolución denuncia los mecanismos de la supremacía masculina, denunciar y reparar los abusos a las mujeres también es fundamental.

En febrero de 2019, Denis Baupin, político histórico de Europa Ecología Los Verdes (EELV), atacaba a la prensa por difamación. Varias mujeres lo habían acusado de acoso y agresión sexual. La exministra ecologista Cécile Duflot testificó en el estrado. Acusó a Baupin de haberla agredido en 2008 en Brasil y dijo que lamentaba su «capacidad de aguante» aprendida en su carrera política y que la había vuelto menos sensible respecto a otras mujeres. En la actualidad dice que es su «deber como mujer»: «No tengo ninguna duda de que las mujeres que han hablado han dicho la verdad, [...] dicho esto, las chicas que nos siguen no solo tendrán responsabilidades [políticas], sino que, además, sabrán que no están obligadas a pasar por esto».

Bérengère Kolly analiza el movimiento:

> El #MeToo pone de relieve una idea que yo también tengo. Es un juego de espejos: lo que veo en otra mujer, como hermana, y lo que veo en mí. Es una especie de unión en la desunión, un movimiento que traspasa las clases sociales, los orígenes... La sororidad enuncia que hay una opresión que se llama supremacía masculina y que afecta a todas las mujeres.

Una unión en la desunión que no es tan fácil poner en práctica. Al igual que Bérengère Kolly, el colectivo Georgette Sand (que trabaja para fortalecer la capacidad de emancipación de las mujeres) condena la falta de ejemplos de solidaridad femenina:

> Son muy poco frecuentes y nunca alcanzan las dimensiones míticas de los grandes referentes masculinos, como Batman/Robin o Tintín/Capitán Haddock. En la ficción, la mayoría de las interacciones femeninas se sitúan bajo el signo de los celos y de la rivalidad. Cenicienta es maltratada por sus malvadas hermanastras; Anne Hathaway, por la tiránica Meryl Streep en *El diablo viste a la moda*. Cuando se habla de «solidaridad femenina» es, sobre todo, para denigrarla. Y cuando en 2007 Ségolène Royal habló de sororidad, se burlaron de ella. ¿Cómo se le ha ocurrido esta ridícula barbaridad?

Al movimiento #MeToo aún le queda fuelle. Iniciado en el cine, se ha extendido a todos los ámbitos y sigue haciendo oír la voz de las mujeres, silenciadas durante demasiado tiempo. Después de haber sido invisibilizadas se sienten invencibles gracias a la fuerza surgida en la adversidad. Precisamente las penalidades son un terreno fértil para el nacimiento de la sororidad. Pero ¿cómo podemos comprender la sororidad en tiempos de calma? ¿Cómo podemos ayudar fuera de los campos de batalla? Y ¿cómo podemos vivir el éxito cuando no queremos despertar la envidia de las demás mujeres? Estar delante de los focos suele ser difícil para una mujer.

ASUMIR EL ÉXITO

Nathalie Roos acumula poder y reconocimiento. Es directora de las marcas Mars, L'Oréal y Bel) y caballera de la Legión de Honor y Medalla al Mérito, y cree que es importante asumir su éxito. No percibe la rivalidad como un problema específicamente femenino, pero comenta que, si las personas sienten que son posibles competidoras, no son solidarias.

«Hay amigas de cartón piedra que nunca te apoyan, amigas que están ahí cuando pasa algo, pero que nunca quieren usar sus redes para apoyarte. Hay quienes responden siempre y cuando no las comprometa personalmente y, por último, están las que apenas se comprometen. En Facebook, suelo dar "me gusta" a las publicaciones de una amiga que tiene mucho éxito, porque me parece importante participar en su comunidad. Pero ella jamás ha comentado ninguna de mis publicaciones, pese a que tiene una red importante en LinkedIn y que su apoyo podría marcar la diferencia.

»En cambio, algunas de mis amigas se implican de verdad. Una antigua compañera de L'Oréal me escribió: "Siempre te he visto decir que sí a las nuevas aventuras. Esta vez has dicho que no; te he visto crecer en cada uno de tus síes y ahora te veo brillar a través de este no. Como dice Rihanna, brilla como un diamante, y como dice la reina de Inglaterra, *Keep calm and carry on!*".

»Cuanto más se asciende en el escalafón, más competitivas se vuelven las personas y menos solidaridad muestran. Cuando estamos siempre el uno contra el otro, no aprendemos a estar juntos. Pero cuando la falta de solidaridad viene de una mujer es aún más decepcionante, ya que somos minoría en las esferas de poder y deberíamos apoyarnos las unas a las otras. Lo peor son las mujeres cazatalentos, que aseguran ser buenas compañeras pero jamás ascienden a las mujeres. No quieren asumir riesgos y no son militantes.

»No me siento muy cómoda con la idea de éxito, pero soy consciente de mi situación profesional privilegiada. He formado parte del comité ejecutivo de L'Oréal, he sido la responsable de una división mundial. No tengo complejos a la hora de alardear de mi trayectoria, al contrario, me gusta mostrar un modelo de mujer que triunfa y asume responsabilidades. He podido realizarme tanto en mi carrera como en mi vida sentimental (llevo 32 años casada, lo cual no es muy frecuente), he podido conservar mi vida en Alsacia con mi familia y mis hermanas y gestionar la asociación de mi padre (Les Cigognes). Soy muy afortunada y es importante hablar de ello, poder enseñar un modelo, sobre todo cuando he sentido el síndrome de la impostora durante años. Las cosas cambian cuando mostramos modelos y somos modelos.

»Formo parte de las mujeres que ayudan a las demás mujeres. Si hay coherencia en lo que haces, la gente lo percibe. Mostrar el triunfo puede venirle bien a otras mujeres. También es necesario, desde luego, mostrar respeto..., pero yo no persigo el éxito. Mi marido me envió un artículo de un periódico alsaciano de información local (*Maxi Flash*) en el que yo aparecía en décimo lugar en la clasificación de personalidades preferidas por los alsacianos. Mi hija comentó: "¿Qué clasificación es esa en la que mamá gana a Matt Pokora [el equivalente francés a Pablo Alborán]?". Hay personas que quieren odiarte y otras que se alegrarán mucho por ti. Lo importante es tener una comunidad que te apoye, lo siento por los demás.»

Es importante asumir los propios logros para mostrar a las mujeres que el éxito no es exclusivo de los hombres. Y el verdadero desafío de la sororidad es aprender a alegrarse del éxito de los demás y compartir los focos. *Madame Figaro* pidió a creadoras reconocidas que retrataran a una joven que las inspirara. La coreógrafa Blanca Li se prestó al juego y escribió sobre la cantante Saandia, 28 años, que tiene un timbre como el de Amy Winehouse y el color de voz de Billie Eilish:

> Las letras de sus canciones en francés e inglés son mordaces [...]. Contrastan con otros textos azucarados que se alejan de la realidad. Sus palabras, impregnadas de feminismo y de conciencia social sin ser beligerantes, pueden seducir la mente de los jóvenes que quieren renovar para mejor la forma de pensar de las generaciones anteriores... Estoy convencida de que Saandia está perfectamente preparada para tener una carrera estratosférica y que en los próximos meses y años oirás hablar mucho de ella.[8]

Se trata de un enfoque poco común y muy generoso que la psicoanalista Elsa Godart[9] ve como el proceso de transmisión entre una madrina/mentora y su protegida:

> La iniciativa es encomiable: promover a alguien significa que se es capaz de compartir el éxito. [...] Siempre hago una analogía entre la creación y la procreación. Pueden compararse: las dos son un gesto de entrega definitivo. Y en ambas juega un papel importante la ayuda mutua femenina, que es muy poderosa y permite que las mujeres se entiendan más allá de las palabras. Las mujeres se han

enfrentado al machismo y a la falocracia. Están juntas en la creación y en la resistencia.[10]

Juntas en la creación y en la resistencia... Porque sí, las mujeres siguen avanzando en una sociedad que da mayor protagonismo a los hombres. ¿Son ellos los que siempre se benefician del delito?

EL JUEGO DE LOS HOMBRES

«Pretendemos que la sororidad sea un requisito de conducta mutuo de las mujeres. Se trata de que dejemos atrás la tentación de denigrar las iniciativas llevadas a cabo por mujeres y que nos aliemos contra un sistema que contribuye a la dominación de las mujeres por parte de los hombres.»[11] Para conseguir la igualdad, el colectivo Georgette Sand hace un llamamiento a la sororidad. La virtud de hacer de esto una norma es que enfrentamos a los hombres que se niegan a compartir el poder y a incorporar a una segunda mujer en su empresa con la excusa de que «se van a jalar los cabellos». Al no adaptar nuestros pasos a los suyos, participamos en esta resiliencia de la que habla Elsa Godart. Rechazamos su juego, que a veces consiste en el «divide y vencerás». Afirmamos que podemos asumir la responsabilidad de nuestro propio destino y nos negamos a perpetuar los estereotipos y a ponernos del lado del más fuerte. Esto vale para el mundo empresarial, pero también para la trampa del aspecto físico.

«El patriarcado neoliberal se perpetúa por medio del mecanismo de la rivalidad entre mujeres, a quienes ordena anteponer el aspecto a todo lo demás»,[12] escribe Camille Froidevaux-Metterie.[13] Solo lograremos salir del modelo patriarcal terminando con la comparación, acallando las críticas sobre el cuerpo y el aspecto de la otra, domando el miedo de la otra mujer, y dejando de verla como una rival. Solo así lograremos salir de la sombra.

Cuando acceden al poder, el primer reflejo de las mujeres puede ser reinar sin compartir. Como hemos visto, se trata de un mecanismo de defensa arraigado, visceral. Juzgamos a la otra sin pensarlo y sin conocerla, suponemos que nos va a hundir, a robar nuestro puesto o el aprecio del que gozamos. Es esencial que evitemos estas reacciones en cadena, que silenciemos este miedo primario. Si las mujeres aprenden a compartir el espacio y el poder, y a beneficiar a otras mujeres, tomarán conciencia de que forman parte de un proyecto social más grande, de un ideal que va más allá de ellas.

ESCASEZ Y ABUNDANCIA

Vanessa Djian, productora y presidenta de Daï Daï Films, y Karolyne Leibovici, publicista y presidenta de A&K Communication, son las fundadoras de «Girls Support Girls Paris», una cena trimestral que pone en contacto y rinde homenaje a las mujeres de la industria cinematográfica. Tienden puentes entre las mujeres para imponerse en un sector mayoritariamente masculino y se organizan en torno al colectivo 50/50, que lucha por la igualdad. Sin embargo, a veces este planteamiento no es exactamente el mismo que el de otras mujeres. Vanessa Djian lo admite de buen grado:

> «A menudo escucho a mujeres hablar mal de otras mujeres. Y yo no soy una santa, soy la primera en tener este tipo de pensamientos, aunque las mujeres me ayuden y me encanten. ¿Cómo es posible que esto ocurra en todas partes? Está tan imbuido en la cultura y en la educación, en lo que vemos y en lo que siempre hemos leído, que hay que estar muy atenta. Entonces libro una lucha interior y me digo: "No, no puedes pensar así". Para escoger los invitados a nuestras cenas trimestrales, por ejemplo, Karolyne me da listas y me esfuerzo en pensar: "No pongo vetos, las invitamos y ponemos en contacto nuestras redes, que no tienen nada que ver. Voy a conocer a Fulanita de Tal, es la ocasión idónea". Y eso es genial.»[14]

«Nuestra intención es acabar con los clichés reforzando la transversalidad de las profesiones en este sector.»[15] Este planteamiento es el que permite que la sororidad se abra camino. Ya hemos abordado los conceptos psicológicos de abundancia y escasez (véase la página 189). En un entorno sexista donde en ocasiones existe una falta de identificación con el propio género, el impulso de la solidaridad se ve refrenado. Solo sopla el viento de la rivalidad y del distanciamiento. La difusión del odio hacia una misma es la prueba de un sufrimiento sordo, ignorado por la sociedad o reforzado por prejuicios sexistas, que puede llevar a las mujeres a repudiarse y a vengarse de esta aversión hacia una misma proyectando violencia.

Sin embargo, la solidaridad femenina existe y, más allá, también la sororidad, que brinda beneficios insospechados. Sheryl Sandberg, directora general de operaciones en Meta (antiguamente Facebook), nos cuenta que, cuando una mujer respalda a una compañera en una negociación salarial, ella misma acaba por beneficiarse de un aumento de sueldo. Sandberg cuestiona el relato parcial y señala que siguen siendo a menudo los hombres quienes impiden el paso a las mujeres, y que ellas son peor percibidas que los hombres cuando se ayudan mutuamente. «En un estudio reciente llevado a cabo con más de trescientos directivos, cuando los hombres promovían la diversidad, recibían calificaciones de rendimiento ligeramente más altas. Cuando las directivas fomentaban la diversidad, se las sancionaba con calificaciones de rendimiento claramente inferiores y se las percibía como nepotistas que intentaban favorecer a su propio grupo.»[16]

Sandberg también nos recuerda que, a veces, la solidaridad se esconde donde menos nos lo esperamos. En las altas esferas, las mujeres poderosas fomentan el acceso a la alta dirección con mucha más frecuencia de lo que podría creerse, a pesar de que tienen fama de abejas reina. «En los consejos de administración, las mujeres, aunque estén más capacitadas que los hombres, tienen menos probabilidades de contar con un mentor, a menos que ya haya una mujer en el consejo. Y cuando las mujeres se unen al consejo de administración, hay más oportunidades de que otras mujeres accedan a puestos directivos.»[17]

Hacer frente a los estereotipos no es fácil. Los prejuicios son difíciles de superar e influyen en las percepciones. En 2022, el Día Internacional de la Mujer informó sobre esto con el *hashtag* #RompeConLosPrejuicios.

A mujeres como Sheryl Sandberg no les da miedo la escasez o el vacío. No le temen a la generosidad; tienen una mentalidad de abundancia y no ven a la otra como una amenaza, como una enemiga que se lanza sobre los hombres por miedo a quedarse soltera, o como alguien que haría fracasar a una compañera antes que ver cómo la promocionan, por pequeño que sea este ascenso. Estas convicciones son difíciles de erradicar. Hacer caso de la mentalidad de escasez da rienda suelta a esta «niña mala» interior que rompe el vínculo con las demás mujeres, alejándolas unas de otras y diseminando sentimientos de inseguridad y de desconfianza. Si una está convencida de que no hay suficiente para todas, ¿qué sentido tiene hacer los esfuerzos necesarios?

Carol S. Dweck, investigadora y psicóloga de la Universidad de Stanford, ha elaborado una teoría sobre las creencias y la mentalidad. Para ella, una mentalidad «fija» corresponde a una visión inmutable de las cosas, en contraste con una mentalidad «creciente», de desarrollo personal, donde vemos los desafíos y los errores como una fuente de aprendizaje.[18] Opina que una de las claves del éxito procede de la forma de ver el mundo, de lo que se nos presenta.

Durante sus investigaciones, constata que, al crecer, los niños desarrollan ambos tipos de mentalidad, fija y creciente:

- En el caso de una mentalidad fija, pensamos que el hada madrina que se inclina hacia nuestra cuna cuando nacemos nos ha dotado o no de ciertas cualidades que mantendremos toda la vida. Todo está escrito y es inmutable. Esta mentalidad no nos abre los ojos, invita a la polarización y pone freno a la introspección.

- En el segundo caso, estamos dotados de una mentalidad creciente en la que nada está grabado a fuego, donde las cartas repartidas en el momento de nacer no son definitivas y pueden volverse a barajar, donde todo puede pasar a base de esfuerzo. No hay nada estático, todo fluye y, por tanto, todo es posible.

Pese a que no nos libremos de sentir una punzada en el corazón cuando conocemos a una mujer que lo tiene todo y que exuda poder, tenemos que saber que la actitud creciente puede ayudarnos mucho a pasar de la mentalidad de escasez a la de la abundancia. Nos va a ayudar a partir del principio de que hay lugar para todos y que no hay nada escrito de antemano. Tomar conciencia es el primer paso para dirigirnos hacia el otro, no con el temor a perder, sino al revés, con la seguridad de estar en un escenario ganador-ganador. La identificación con el propio sexo se vuelve más sencilla.

LA LEY DE JANTE

La mentalidad de la abundancia y de la identificación fomentan la colaboración, el desarrollo y el crecimiento, y dibujan los límites de una nueva experiencia de rivalidad. Sheryl Sandberg cita el ejemplo de Marit Bjørgen, campeona noruega de esquí de fondo, y de su joven rival, Therese Johaug. Las esquiadoras consiguieron varias medallas de oro, plata y bronce en los Juegos Olímpicos de Sochi de 2014. Pero les corresponde otra medalla: la de la ayuda mutua y la solidaridad. La campeona Marit Bjørgen no dudó en compartir el éxito con la joven Therese Johaug.

Este nuevo enfoque de la rivalidad inspiró a Adam Grant. Autor, psicólogo especializado en Psicología Organizacional e Industrial y profesor de la Universidad de Wharton, se propuso la misión de que amemos nuestro trabajo. Además de las clases y de sus publicaciones, dirige un exitoso pódcast, *Worklife*. Fascinado por la perspectiva de rivalidad-ayuda mutua entre las dos deportistas, compartió el concepto y lo presentó como una de las mejores formas de abordar con éxito la competición y alcanzar los mejores resultados. Uno de los episodios de su pódcast se titula «Hazte amigo de tus rivales», donde recomienda que te hagas amiga de tu rival. Este enfoque bebe de una filosofía escandinava que preconiza la relación respetuosa con el otro y un conjunto de principios que rigen las relaciones sociales y el mundo empresarial en los países nórdicos desde tiempos inmemoriales.

Esta filosofía se denomina *Janteloven*, o ley de Jante.[19] Grant la aborda y la analiza, y se da cuenta de que predica que se puede ayudar al otro a pesar de ser su adversario. Es un oxímoron que posibilita el entrenamiento conjunto y las muestras de ánimo ante la derrota. Therese Johaug es la personificación de esta filosofía cuando declara, con la medalla al cuello y refiriéndose a

Marit Bjørgen: «Ella me ha aportado una dosis enorme de confianza en mí misma. Y gracias a lo que ha hecho, me he convertido en la esquiadora de fondo que tienen delante de ustedes».[20]

Adam Grant apunta que ayuda mutua y rivalidad no son antónimos.

> Enfrentarte a un rival estimula tu motivación. Si creas una relación de apoyo con este rival, puedes incluso mejorar tus resultados. Se supone que este tipo de colaboración no debe darse en los deportes individuales: el triunfo en este sentido no suma. Pero los deportistas de élite entienden algo que es cierto en todos los aspectos de la vida: una competición amistosa puede ampliar el botín global de las «victorias» y mejorar tus resultados.[21]

Fragmento de la ley de Jante

- No debes pensar que eres alguien especial.
- No debes pensar que eres tan bueno como nosotros.
- No debes pensar que eres más inteligente/sabio que nosotros.
- No debes imaginarte que eres mejor que nosotros.
- No debes pensar que sabes más que nosotros.
- No debes pensar que eres más importante que nosotros.
- No debes pensar que eres bueno en algo.
- No debes reírte de nosotros.

- No debes pensar que le importas/preocupas a alguien.
- No debes pensar que puedes enseñarnos algo.[22]

GRUPOS DE CHICAS

Algunas chicas han comprendido que la generosidad es beneficiosa: compartimos, recibimos, crecemos. Ahora vemos en las redes sociales a chicas que se ayudan mutuamente y dan importancia a sus compañeras. Excluyen la rivalidad de sus relaciones y piensan que hay lugar para todas: el talento de una no supone una amenaza para la otra.

«¡Te encuentras con hermanas toda la vida! Esta banda, este grupo, este equipo, ¡cuánto me gusta!» Aurélie Saada, cantante[23] y cineasta,[24] siempre comparte las novedades de sus amigas, ya sean cantantes, autoras o actrices, celebra sus logros y se alegra por ellas. En una foto publicada en Instagram, se le ve en compañía de su amiga de la infancia Sophie Nahum,[25] de la violinista Karen Brunon y de la cantante Keren Ann: «Hace veinte años que admiro maravillada a esta diosa poderosa y esplendorosa... Qué suerte tengo de que estén en mi vida [...], las quiero, chicas, ¡son lo máximo!».[26]

Virginie Grimaldi, Serena Giuliano, Sophie Rouvier Henrionnet y Cynthia Kafka son cuatro amigas y novelistas de éxito. No existe ninguna rivalidad, al contrario, se apoyan a través de Instagram y otras redes sociales. Cuando una saca un nuevo libro, las otras tres se aseguran de publicitarlo e incluso han llegado a organizar firmas conjuntas. Desde 2015, se ven una vez al año en Biarritz y comparten las fotos de su fin de semana de amigas. Aúnan literatura, canciones a todo pulmón y su amor por el cantante Bertignac, a quien deben el nombre de su grupo, las Bertiti. Su sororidad es un ejemplo. Han entendido que era mejor estar juntas.

Léa Salamé, Roselyne Febvre y Vanessa Burggraf son periodistas y amigas. A finales de la década del 2000, sellaron un pacto «de no agresión». «Brindando con caipiriña, las tres amigas se hacen una promesa: entre nosotras, nunca habrá traición y siempre habrá ayuda mutua.»[27] Léa Salamé dio un paso más al recomendar a su amiga Vanessa para que la sustituyera como comentarista en el programa de Laurent Ruquier *On n'est pas couché*. La generosidad como vehículo de sororidad.

LA MODA DE LAS REDES

Las redes profesionales femeninas están en auge. «Los desayunos temáticos, las conferencias y las sesiones de *coaching* son una ocasión para que las mujeres hablen de sus dificultades, pero también para que compartan su visión y se ayuden a progresar a nivel profesional», señala Christine Moussot, autora del libro *Femmes, faites-vous entendre*.[28] Añade que cada *grande école*, cada empresa de renombre y cada sector tiene ahora su red femenina.[29]

Emmanuelle Gagliardi y Wally Montay, autoras de *Guide des clubs et des réseaux au féminin*,[30] explican que en estas redes impera la verdadera ayuda mutua:

Las mujeres con más experiencia les dan buenos consejos a las más jóvenes y les advierten de los obstáculos que hay que evitar. Sirven de ejemplo, cuentan su trayectoria y no dudan en ayudar a sus compañeras. [...] Es importante no ir pensando que encontraremos colaboradores, clientes... Más bien al contrario, hay que preguntarse qué podemos aportar a las demás y abrirse a ellas. [...] Estos encuentros no son un rollo, ya lo verán, saldrán renovadas, reconfortadas y encantadas de haber compartido sus proyectos e inquietudes. [...] Lo ideal son tres redes: una propia del ámbito profesional, una transversal y una dedicada a las inquietudes personales.[31]

Una red solo será útil si muestras generosidad. Esto es lo que nos confirma Clara, 33 años, empresaria.

«Tras el nacimiento de mi segundo hijo, me entraron muchas ganas de crear mi empresa [de ropa infantil]. Así pues, trabajé en mi proyecto, me uní a un vivero de empresas y, en menos de un año, mi página web ya era una realidad. Me encontré, no obstante, con todo tipo de obstáculos a causa de mi inexperiencia. Un amigo del vivero del que procedo me sugirió que me uniera a una red. "Ya lo verás, ayuda mucho cuando se empieza", me dijo. Tras consultar varias webs, me uní a una red de mujeres y me inscribí a un *apéro-network* con grandes expectativas y mucho entusiasmo. Pero noté mucha frialdad, apenas me dirigían la palabra y me fui media hora después, furiosa porque me habían ignorado. Hablé con mi amigo, que criticó mi impaciencia y me presionó para repetir la experiencia. Cambié de red porque no quería volver a sentirme decepcionada. Desde que llegué, estuve platicando con una mujer joven que acababa de crear una página web de cuidado infantil; le dije que conocía a un montón de niñeras y le di números de teléfono y recomendaciones. Después me preguntó por mi actividad y en cuanto pronuncié el nombre de mi página web me inundó de consejos. Dos años después, colaboramos con regularidad y, sobre todo, nos hemos hecho amigas. Aconsejo a todas las mujeres que vivan esta experiencia, pero ante todo con una mentalidad desinteresada, de forma abierta y generosa.»

Florence Sandis, conferenciante, consultora, *coach*, autora y presidenta de médiaClub'Elles, ha fundado Brisez le plafond de verre. Especializada en liderazgo femenino, es un icono de sororidad.

«Sorprendentemente, al principio de mi carrera profesional en televisión tuve pocas experiencias de rivalidad femenina, pero, cuando empecé a luchar por el empoderamiento de las mujeres, me desengañé. Me había encontrado con las típicas rivalidades de ego, pero las dejé atrás porque en el fondo sabía que formaban parte de las relaciones humanas y de la industria de la televisión. Lo más decepcionante es ver la rivalidad en un entorno donde las mujeres aseguran precisamente ayudarse entre ellas. Admito que fue una auténtica sorpresa, sobre todo viniendo de una mujer a la que había citado en mi libro[32] y animado en su actividad, y que después cambió las tornas en su beneficio y utilizó mi red para sus propias comunicaciones, sin comprender que eso podía perjudicarme. Pero, una vez más, tras la decepción y la pena, como en todo trance, encontré mucha más energía para darme a conocer. Me lancé a lo que no hacía antes: ocupar el terreno y comunicar en las redes sociales, y eso aumentó mi trabajo y mi visibilidad. Así que, al final, siento gratitud. Y he aprendido a ser tolerante, porque entiendo que estos comportamientos provienen de una profunda falta de confianza en uno mismo.

»He visto esta rivalidad en círculos asociativos, donde parece que es lo habitual. Algunos presiden asociaciones por el poder y no soportan que los demás intervengan en el mismo ámbito... Cuando puse en marcha una red de ayuda mutua por y para las mujeres de los medios de comunicación, médiaClub'Elles, lo hice para las mujeres del audiovisual sin un propósito profesional personal, ya que no era mi profesión. Ante todo, pasada la sorpresa, he querido seguir siendo coherente con mis propios valores de ayuda mutua y sororidad, y establecí mi rumbo en ese sentido. Tengo la suerte de tener un consejo de administración formado por trece mujeres absolutamente maravillosas. ¡Es un poder de sororidad increíble! Y nuestra red, que no para de crecer, nos devuelve la imagen de una solidaridad benévola, una sororidad que rara vez se encuentra en profesiones de los medios de comunicación. En la actualidad, vivo la sororidad a diario, tanto en el ámbito profesional como en el entorno asociativo. ¡Y eso no tiene precio!

»Experimenté de verdad la sororidad cuando salió mi libro; las mujeres hablaron de mí, me recomendaron, y eso no era favoritismo. Me sorprendió ver que, cuando salió mi libro, Marion Darrieutort[33] preparara una invitación con su agencia de comunicación y les ofreciera el libro, sin que yo lo supiera, a una firma de lujo que luego me hizo dar conferencias sobre el tema por todo el mundo. He aquí un ejemplo perfecto de mujer sororal: ella me ayudó sin esperar nada a cambio.

Cuando me preguntan qué mujer me ha impresionado es el primer nombre que digo, porque ella es así y me llega a lo más hondo.

»En realidad, no hace falta que seamos muchas. Con tres, cuatro o cinco que se ayuden mutuamente ya se obran milagros, y a veces eso basta para ponerte en órbita. Me gustaría citar a Nathalie Hutter-Lardeau,[34] que es también empresaria. Prácticamente solo contrata a mujeres y ayuda mucho a las demás empresarias. Para mí, es un modelo de sororidad y espíritu emprendedor. Siempre está ahí para las demás. Si tengo una duda sobre mi identidad corporativa, pone a su diseñador gráfico a mi disposición; ha estado ahí cuando hemos necesitado dinero para la asociación... En realidad, no hay nada planeado ni obligado.

»La sororidad, apoyarse entre las mujeres, ayudarse mutuamente, escuchar, empatizar, anticiparse a lo que podría gustarle a la otra, a lo que podría servirle, ser también una oportunidad para la otra... No lo hacemos esperando algo a cambio, pero pasa. Y, si no, no importa; hay muchas recompensas personales al ayudar a las mujeres... He visto las cosas con perspectiva en cuanto a mis experiencias. He aceptado la idea de que las mujeres no son perfectas; además, ¿por qué se les pide que sean más perfectas que los hombres? Los hombres también se caracterizan por la rivalidad. ¿Y si la igualdad consistiera en dejar de creer que todas las mujeres son simpáticas y empáticas por naturaleza?... Esta constatación llega con la madurez, me he dado cuenta de que no pasaba nada. Cuanto más progresas, mejor rodeado estás; lo que cuenta es con quienes estás en este círculo virtuoso. Dicho esto, si todas las mujeres se apoyaran, sería genial, ¿no? No habría más supremacía masculina, ¿te das cuenta?»

La sororidad se ve favorecida, por tanto, por los medios tecnológicos. Y si bien la era digital puede ser fuente de rivalidad, sobre todo a causa de nuestra tendencia a compararnos, también puede ser un motor de sororidad. Es lo que constata Florence Sandis a diario.

«Observo una necesidad en los cursos de *coaching* colectivo que imparto en las empresas; las mujeres me dicen que hasta hace poco, para ellas la palabra *sororidad* estaba vacía de significado, pero que, tras varios días de formación entre mujeres, ha adquirido un sentido tangible, lo están experimentando. Algunas directivas me han revelado que jamás habían intercambiado impresiones de manera tan profunda en un entorno profesional. Esto las ha ayudado y unido mucho. A menudo, las animo a crear un grupo de WhatsApp; así siguen platicando entre ellas después del curso. Mi objetivo no es solo darles los instrumentos para atreverse a llegar más lejos y desarrollar su liderazgo, sino también crear el clima y los vínculos para que se sigan ayudando mutuamente, para que tengan apoyo en la empresa y personas en las que confiar. Y esto tiene efectos a largo plazo, es una dinámica de apoyo de verdad.

»El aspecto intergeneracional me parece importante. Me gusta que las mujeres con experiencia echen una mano a las más jóvenes, y que las más jóvenes impulsen a las más veteranas.

»En realidad, para mí, la sororidad no es solo una palabra o una intención, tan solo existe si se traduce en actos concretos. Decidamos ayudar a dos o tres mujeres de nuestro alrededor, de forma muy concreta, ¡y nos volveremos magas!»

UNA PALABRA INTACHABLE

Aprender sororidad empieza por el lenguaje. Al igual que Vanessa Djian, no somos unas santas, ya lo hemos dicho antes. Tal vez hemos hecho sufrir a otras mujeres con comentarios dañinos. No es casualidad que las tres religiones monoteístas consideren la calumnia como un pecado.

«Destruiré a quien en secreto calumnia a su prójimo»,[35] dice la Biblia.

«Dichoso el que retiene el excedente de su lengua (y gasta el excedente de su dinero)»,[36] nos enseña Mahoma.

En el judaísmo, el *lashon hara*, literalmente 'malas palabras', se considera un pecado especialmente grave, porque lo que se ha dicho no se puede rectificar.

«No andarás chismeando entre tu pueblo.»[37]

Los tres filtros

Una antigua anécdota de hace dos mil cuatrocientos años sería particularmente útil en estos tiempos de rumores, chismes y *fake news*. Un día, un hombre visita a Sócrates para transmitirle las palabras que un amigo suyo dice sobre él. Entonces, el filósofo le pregunta si ha comprobado que su información es cierta.

—No —responde el hombre—, solo le he oído hablar.

—¿Hay algo que sea bueno? —continúa Sócrates.

—No mucho —admite el hombre.

—¿Sirve de algo que me lo cuentes? —prosigue Sócrates.

—No —contesta el hombre.

Sócrates concluye: «Si lo que me has de decir no es cierto, ni bueno, ni útil, no me lo repitas y apresúrate a olvidarlo».

Usar los tres filtros de la verdad, de la bondad y de la utilidad es el más sabio de los consejos. Las mujeres rivales experimentan la traición, el resentimiento, el odio, la ira, los celos y la envidia, sentimientos que corroen el alma.

¿Cuántas mujeres se han acostumbrado a hacer comentarios sobre los «defectos» de las demás mujeres (arrugas, peso, llantas, etcétera) e incluso a difundir rumores?

Esta práctica nos empequeñece, nos puede hacer perder amistades sinceras y a nosotras mismas.

Ya a una temprana edad, la mirada de los demás condiciona nuestra relación con otras mujeres. La preocupación por el aspecto, el deseo de estar dentro de la norma, como las demás, como las que nos parecen guapas... nos pone trabas y nos condiciona. Si nos cuesta querernos a nosotras mismas, ¿cómo podemos apreciar a las demás mujeres sin sentirnos inferiores? Camille Froidevaux-Metterie hace un análisis muy esclarecedor de la situación.

> Desde un punto de vista feminista, la preocupación por el aspecto se ha interpretado desde hace mucho tiempo como una sumisión a las imposiciones masculinas. En la actualidad, considero importante reflexionarlo desde una perspectiva de reapropiación de nuestro cuerpo. ¿Qué sentido y qué valor podemos darle? Mi propuesta consiste en redefinirlo como un proyecto de coincidencia con una misma. Se trata de que cada mujer, cada mañana, muestre el aspecto que corresponda al estado de ánimo en el que se encuentra, a la imagen que quiere transmitir, al ideal estético que le es propio en un proceso consciente y reflexivo. Como feministas, si deseamos que las mujeres gocen de la mayor libertad corporal posible, debemos aceptar que esta libertad puede dar lugar a decisiones muy distintas. Debemos aceptar, por ejemplo, que algunas mujeres opten por presentarse a sí mismas como ultrafemeninas, enarbolando los símbolos tradicionales de la femineidad, como son la falda y los tacones. No podemos reivindicar la libertad de las mujeres para que hagan con su cuerpo lo que quieran y, a la vez, crear una nueva normatividad que denuncia las decisiones que consideramos que no son correctas desde el punto de vista feminista, como maquillarse o recurrir a la cirugía estética.[38]

Si nos dedicamos a la rivalidad intrasexual bajo los preceptos de un atavismo genético, cultural y social, tardaremos mucho tiempo en desarrollar una nueva relación con las demás mujeres. Pero entender esta herencia es el primer paso en el camino de la reconciliación y la sororidad.

EL TIEMPO DE LAS HERMANAS

«Crecí en una época en la que se pensaba que las mujeres eran como los gatos, que competían entre ellas y se daban golpes bajos. Pero la realidad es que los límites desaparecen si trabajamos juntas»,[39] declara Jane Fonda.

Ha llegado el momento de acabar con la rivalidad femenina, las actitudes pasivo-agresivas, la perpetuación de los estereotipos. Las nuevas generaciones ya lo han comprendido y se han comprometido con una lucha que algunos habrían considerado demasiado grande para ellas. Vivimos en una época complicada, con problemas que nos asustan y nos superan: el ascenso del populismo, la amenaza climática, la violencia social, las guerras...

Al abordar cuestiones que nos parecían de carácter personal, nos dimos cuenta de que tenían un alcance universal, que las mujeres compartían los mismos deseos y los mismos sueños. Sueños que, para hacerse realidad, necesitaban más voces. Y para empezar, también era necesario que reconociéramos que a veces reaccionamos de manera visceral. Odiamos la nueva incorporación a nuestro equipo, incluso antes de haberla conocido, porque es una mujer. Nos enojamos con nuestra mejor amiga por estar embarazada porque llevamos intentándolo varios años. Criticamos a las mujeres por su peso y su aspecto, sin saber por lo que están pasando, porque ¿acaso no es esto lo que hacen las chicas cuando se ven?

Hagamos nuestra esta máxima del historiador británico Henry Thomas Buckle: «La gente brillante discute sobre ideas; la gente común, sobre sucesos; la gente mediocre, sobre otra gente». Dejemos de ser gente mediocre. Hagamos nuestro este manifiesto de Chloé Delaume: «La sororidad es una actitud. Jamás hagas daño a una mujer intencionadamente. No critiques nunca en público a una mujer, no desprecies nunca a una mujer. *La sororidad es inclusiva, sin jerarquía ni derecho de primogenitura*».[40]

PARA CONCLUIR, ALGUNOS CONSEJOS PARA ACABAR CON LA RIVALIDAD FEMENINA

Hemos interiorizado tanto la misoginia que la reproducimos sin darnos cuenta. Si, además, hemos tenido una madre tóxica y celosa, es probable que no soportemos la femineidad de otras mujeres. Puede ser que nuestra hermana nos robara el amor maternal y, al no encontrar consuelo, decidamos vengarnos... La perpetuación de estos abusos parece no tener fin. Pero ¿queremos seguir siendo unas danaides modernas condenadas a llenar sin cesar el tonel de la rivalidad?

Si somos conscientes de nuestra conducta y seguimos perpetuándola, profiriendo comentarios desagradables y queriendo reinar sin compartir obviando las heridas que causamos a las demás, nos estamos traicionando como mujeres. Ahora que ya somos conscientes de nuestra actitud, podemos empezar a vislumbrar la sororidad. Los celos y las punzadas en el corazón provocadas por la envidia siempre existirán; al fin y al cabo, somos humanas.

Proponemos la admiración como antídoto. Es una de las soluciones que recomienda el escritor, psiquiatra y psicoterapeuta Christophe André: «Un remedio para la envidia es aprender a admirar en lugar de envidiar. Cuando admiramos, apreciamos las cualidades del otro y tenemos ganas de parecernos a él para poseerlas».[1]

«La solidaridad femenina se ha de construir. No es ni fácil ni natural», explica Mélissa Blais, doctoranda en Sociología.[2] Al cerrar este libro, nos gustaría que pusieras en práctica una o varias de las medidas que fomenten la sororidad. Estas son algunas.

LA SORORIDAD EN LA INTIMIDAD

- No hables mal de otras mujeres, no chismorrees.
- Disfruta de los beneficios de la amistad. Es importante que estés ahí para tus amigas. Y si algo te preocupa, háblalo, no dejes que se instale el rencor.
- Una hermana puede ser un regalo, los secretos de la infancia unen para toda la vida. En *París-Manhattan*,[3] el personaje interpretado por Alice Taglioni le dice a su hermana que está enojada con ella: «Bueno, de todas formas somos hermanas, así que acabaremos por reconciliarnos; más vale que lo hagamos enseguida».

LA SORORIDAD EN EL TRABAJO[4]

- Anima a las demás mujeres, es decir, refuerza sus ideas y sus propuestas en las reuniones para que tengan más posibilidades de que las escuchen. Si alguien interrumpe a una mujer durante una reunión, pídele que retome sus ideas. Así tendrá la ocasión de hablar y no será necesario que pidas ayuda a nadie para que la rescate.
- Reconoce a las mujeres el mérito de sus ideas, de sus aportaciones y de sus logros. Felicita públicamente a quienes triunfan, ya sea durante una reunión, por correo o incluso en un ambiente informal.
- Si oyes una broma o un comentario sexista, reacciona. Frases como «No me parece divertido» o «¿Qué querías decir con eso?» pueden interrumpir un comportamiento inapropiado. Es más fácil hacerlo cuando el comentario no va dirigido a ti.
- No esperes más de las jefas, compañeras y subordinadas directas que de los hombres. Deja de juzgar a las mujeres con doble rasero, eso te incluye a ti. Parte del principio de que la intención es buena y, si su comportamiento no tiene sentido para ti, mantente a la expectativa.
- Aprende de quienes llevan más tiempo trabajando que tú. Tiende la mano a tus homólogas más veteranas, habla con ellas de las batallas que han librado y de las que han tenido que superar. Apreciarán tu interés.

- Si ya has «triunfado», no metas a las demás mujeres en las mismas dificultades que te encontraste en tu carrera. ¡Allánales el terreno!
- Organiza un horario de oficina al que las mujeres puedan acudir para pedir consejo. Muchas mujeres tan solo necesitan una caja de resonancia y alguien con quien hablar.
- Pon todo tu empeño en conocer a las mujeres que te rodean y que tienen un gran potencial para poder defenderlas cuando llegue el momento de los ascensos y las subidas de salario.

Algunos libros y películas para ponerte en el camino de la sororidad

- *Damas en guerra*:[5] una disparatada comedia sobre la rivalidad entre amigas.
- *Cordero de Dios*:[6] una joven doctora ayuda a unas monjas de un convento.
- *Historias cruzadas*:[7] la solidaridad entre las mujeres en el marco de la segregación racial del Mississippi de los años sesenta.
- *Tomates verdes fritos*: la increíble relación entre dos mujeres, Ruth e Idgie, que practican la sororidad.
- *La fuente de las mujeres*:[8] la rebelión de unas mujeres que aprenden a ser solidarias, y que recuerda a *Lisístrata* de Aristófanes.
- *Les Orageuses*:[9] unas chicas que han sido violadas se unen para hacerse oír.

- *Medio sol amarillo*:[10] la independencia de Biafra y el devenir de dos hermanas gemelas que se separan.
- *Talisman à l'usage des mères et des filles*:[11] un libro conmovedor sobre la transmisión de madres a hijas.
- *Sororité*:[12] un coro lleno de sororidad para pensar en el mundo del futuro.

AGRADECIMIENTOS

A Catherine Meyer, la radiante.
A Daphné, Diane, Michel y Joshua.
A Jean-François Guillaud.
A Nanie, Biche y Joe, mis adoradas hermanas.

NOTAS

Introducción. El infierno son las otras… mujeres

1. Fuente: Numerama.
2. RTL, 14 de enero de 2022.
3. InfoWars.
4. Media Whores («Putains des médias»).
5. *El síndrome de la impostora*, María Eugenia Santa Coloma (trad.), Barcelona, Península, 2021.

1. Situación actual de la rivalidad

1. M. Perrot, *Les Femmes ou les silences de l'histoire*, París, Flammarion, col. «Champs», 2021.
2. T. Lecoq, *Les Grandes Oubliées: Pourquoi l'Histoire a effacé les femmes*, París, L'Iconoclaste, 2021.
3. Estudio de Gallup publicado en la revista *Gender in Management*, noviembre de 2009.
4. «Why do women bully each other at work?», *The Atlantic*, agosto de 2017.
5. «Why women compete with each other», *The New York Times*, 31 de octubre de 2015.

6. «Les femmes misogynes sont déprimantes, mais elles ne sont pas nos ennemies», *Libération*, 12 de marzo de 2020.

7. *L'Âge d'or de l'ordre masculin. La France, les femmes et le pouvoir, 1804-1860*, París, CNRS Éditions, 2020.

8. *Le Point*, enero de 2018.

9. No Filter.

10. <http://www.harpersbazaar.com/uk/culture/a39349367/camille-charriere-female-misogyny/>.

11. Profesora de estudios de género en el Marymount Manhattan College.

12. *Tripping the Prom Queen. The Truth about Women and Rivalry*, St. Martin's Press, 2006.

13. Collegian.com, noviembre de 2020.

14. <http://www.psychologytoday.com/gb/blog/the-mysteries-love/201908/12-ways-spot-female-misogynist>.

15. *Slate*, junio de 2011.

16. *Lassie vuelve a casa*, novela de Eric Knight, más tarde película de Fred M. Wilcox (1943) y luego serie de televisión.

17. Fragmento de *Las flores del mal*, de Charles Baudelaire.

18. Academia Bruylant, 2010.

19. M. Aurell, *Le Mariage en l'an mil*, Presses Universitaires de Provence, 2002.

20. <http://www.ted.com/talks/charlie_danger_pourquoi_vous_ne_vous_ sentirez_jamais_la_plus_belle>.

21. Estudio de la RSPH, 2018.

22. Businessinsider, febrero de 2018.

23. *Placer visual y cine narrativo*, Fundación Instituto Shakespeare: Instituto de Cine y RTV, Valencia, 1994.

24. *El mito de la belleza*, Lucrecia Moreno (trad.), Barcelona, Salamandra, 1992.

25. *Causette*, septiembre de 2021.

26. Éditions de l'Observatoire, 2021.

27. <http://www.marianne.net/societe/medias/femi ni-business-ces-entrepreneuses-feministes-mises-en-cause-pour-leur-management>.

28. Estudio de Brandwatch, 25 de mayo de 2016.

29. *Free to Be Online?*, 2020 (<https://plan-internatio nal.org/publications/free-to-be-online/>).

30. Estudio del University College de Londres, publicado en ClinicalMedicine, enero de 2019.

31. DHnet.be, marzo de 2021.

32. *Manchester Evening News*, 6 de junio de 2021.

33. Informe del Alto Consejo para la Igualdad, 2 de marzo de 2020.

34. LCI, 11 de marzo de 2021.

35. *20 Minutes*, 30 de julio de 2019.

36. Sonia Martín (trad.), Barcelona, Wanáfrica, 2019.

37. A. D. Amal, *Les Impatientes*, Éditions Emmanuelle Collas, 2020.

38. Interview Babelio, 2 de diciembre de 2020.

39. *One Night @ the Call Center*, Rupa Publications, 2005.

40. *2 States*, Rupa Publications, 2009.

2. De dónde proviene la rivalidad entre las mujeres

1. *Dictionnaire historique de la langue française* (1992), París, Le Robert, 2000.

2. V. Amber, <youmatter.world/fr/origine-excision-mutilations-genitales-domination-femmes/>.

3. Profesora de Sociología, especialista en género. «Opprimés et oppres-seurs? Le mauvais traitement systématique des hommes» (traducción de Romain Carnac), en D. Dulong, E. Neveu y C. Guionnet (dir.), *Boys don't cry! Les*

coûts de la domination masculine, Rennes, Presses Universitaires de Rennes, 2012 (<http://books.openedition.org/pur/67128>).

4. Noam Shpancer, psicólogo clínico estadounidense y profesor de Psicología en el Otterbein College («Feminine foes: New science explores female competition», *Psychology Today*, enero de 2014).

5. O. Audouard, *Les Mystères du sérail et des harems turcs. Lois, mœurs, usages et anecdotes*, París, Dentu, 1866.

6. J.-M. Normand, «Sexe et pouvoir: Roxelane, l'esclave chrétienne devenue diplomate de l'Empire ottoman», *Le Monde*, 25 de julio de 2020.

7. A. L. Croutier, *Harems, le monde derrière le voile*, París, Belfond, 1989.

8. J. Ehrmann y F. Trautmann, «La libération de la violence. Force et fureur de l'émancipation selon La Boétie et Fanon», *Hypothèses*, 1 (16), 2013, pp. 273-288 (<http://www.cairn.info/revue-hypotheses-2013-1-page-273.htm>).

9. J. Deblauwe (dir.), *De quoi sont-ils morts?*, Flammarion–Pygmalion, 2013.

10. <http://www.geo.fr/histoire/catherine-de-medicis-diane-de-poitiers-a-chenonceau-la-grande-rivalite-des-dames-de-cœur-197122>.

11. J.-B. Capefigue, *Mademoiselle de la Vallière et les favorites des trois âges de Louis XIV*, Amyot Éditeur, 1862.

12. *Ibid.*

13. Película realizada por Yórgos Lánthimos, 2018.

14. Choderlos de Laclos, Durand-Neveu, 1782.

15. Carta 141. *Las amistades peligrosas. Cartas recogidas en una sociedad y publicadas para la instrucción de algunas otras*, tomo tercero, Madrid, Imprenta del Censor, 1822.

16. *Los 7 hábitos de la gente altamente efectiva*, Booket, 2011.

17. *Ibid.*

18. P. Sastre, *La Haine orpheline*, París, Éditions Anne Carrière, 2020.

19. K. Österman, K. Björkqvist, M. J. Lagerspetz, A. Kaukiainen, S. F. Landau, A. Frączek y G. V. Caprara, «Cross-cultural evidence of female indirect aggression», *Aggressive Behavior*, 24 (1), 1998, pp. 1-8.

20. T. Vaillancourt, «Do human females use indirect aggression as an intrasexual competition strategy?», *Phil. Trans. R. Soc. B*, 368, 2013 (<https://royalsocietypublishing.org/doi/10.1098/rstb.2013.0080>).

21. M. Agthe, M. Spörrle y J. K. Maner, «Does being attractive always help? Positive and negative effects of attractiveness on social decision making», *Personality and Social Psychology Bulletin*, 37 (8), 2011, pp. 1042-1054.

22. M. F. Luxen y F. J. R. Van de Vijver, «Facial attractiveness, sexual selection, and personnel selection: when evolved preferences matter», *Journal of Organizational Behavior*, 27 (2), 2006, pp. 241-255 (<http://doi.org/10.1002/job.357>).

23. Prefacio a Philippe Gouillou, *Pourquoi les femmes des riches sont belles*, De Boeck, 2014.

24. *Ibid.*

25. L. Mealey, «Anorexia: a "losing" strategy?», *Human Nature*, 11, 2000, pp. 105-116.

26. *Vogue UK*, noviembre de 2021.

27. Fundadora de Brisez le plafond de verre, conferenciante, consultora, *coach*, autora y presidenta del média-Club'Elles.

28. Asociación para mejorar la representación de las mujeres en los medios de comunicación, delante y detrás de las cámaras.

29. Alfred de Musset, *Poésies complètes: La Coupe et les Lèvres*, París, Pléiade, 1951.

30. Alexandre Dumas, *Théâtre complet: Don Juan de Marana*, t. V, Calmann-Lévy, 1889.

31. Stendhal, *Romans et nouvelles: Le Rouge et le Noir*, París, Pléiade, 1952.

32. Flaubert, *Œuvres de jeunesse*, *Fragements et ébauches*.

33. Flaubert, *Pasión y virtud*, Isabel Margelí (trad.), Barcelona, Alisis, 2015.

34. L. Czyba, *La Femme dans les romans de Flaubert: mythes et idéologie*, colección Littérature et Idéologies, Lyon, Presses Universitaires de Lyon, 1983.

35. M. Lion-Julin, *Mères: Libérez vos filles!*, París, Odile Jacob Poches, 2010.

36. *El síndrome de la impostora*, María Eugenia Santa Coloma (trad.), Barcelona, Península, 2021.

37. R. Girard, *Achever Clausewitz*, París, Flammarion, 2007.

38. <http://www.rene-girard.fr/57_p_44428/le-desir-et-la-rivalite-mimetiques.html>.

39. N. R. Crick, N. E. Werner *et al.*, «Childhood aggression and gender: A new look at an old problem», en D. Bernstein (ed.), *Gender Motivation* (*Nebraska Symposium on Motivation*, vol. 45), University of Nebraska Press, 1999, pp. 75-141.

40. <http://link.springer.com/referenceworkentry/10.1007%2F978-3-319-16999-6_195-1>.

41. Documental *Noirs en France*, realizado por Aurélia Perreau y Alain Mabanckou, France 2, enero de 2022.

42. Calmann-Lévy, 1987.

43. *Passé composé*, París, Grasset, 2021.

44. *Elle*, 28 de mayo de 2021.

45. <http://www.lemonde.fr/m-perso/article/2021/01/16/un-apero-avec-camelia-jordana-on-se-prend-toutes-des-trucs-hyperviolents-dans-la-gueule_6066451_4497916.html>.

46. Plume, 2003.

47. Escritora estadounidense, psicoterapeuta y profesora emérita de Psicología y Estudios de la Mujer.

48. *Catfight: Women and Competition*, Seven Stories Press, 2002.

49. *Ibid.*

50. Doctora en Psicología, profesora de la Universidad de Nueva York y especialista en Evolución de las Relaciones Humanas y Sexualidad.

51. Z. Vrangalova, R. E. Bukberg y G. Rieger, «Birds of a feather? Not when it comes to sexual permissiveness», *Journal of Social and Personal Relationships*, 31 (1), 2014.

52. <http://www.glamour.com/story/stop-being-jealous-other-women>.

53. Stock, 2019.

54. Autora estadounidense. *Quand la beauté fait mal*, First, 1991.

55. <http://www.harpersbazaar.com/culture/features/a589/black-swan-female-rivalry/>.

56. Jocelyne Robert, autora y sexóloga, <http://www.huffpost.com/archive/qc/entry/relations-entre-femmes_b_1344236>.

57. «The development of human female competition: allies and adversaries», *Phil. Trans. R. Soc. B*, 368, 2013 (<https://royalsocietypublishing.org/doi/10.1098/rstb.2013.0079>).

58. <http://www.psychologytoday.com/intl/blog/insight-therapy/201401/feminine-foes-new-science-explores-female-competition>.

3. La rivalidad intrafamiliar

1. B. A. Krier, «The human condition/sibling relationships: sisterhood powerful», *Los Angeles Times*, 12 de febrero de 1992.

2. *The Sibling Connection*, St. Martin Press, 1991.

3. Victor Cicirelli, profesor de Psicología del Desarrollo y del Envejecimiento, Universidad Purdue.

4. 29, 15-30.

5. M. Vaillant y S. Carquain, *Entre sœurs, une question de féminité*, París, Albin Michel, 2008.

6. *Elle*, septiembre de 2008.

7. *Les Filles et leurs mères*, París, Odile Jacob, 1998.

8. D. Lessing, *Filles impertinentes*, París, Flammarion, 2014.

9. M. Vaillant y S. Carquain, *Entre sœurs, une question de féminité*, *op. cit.*

10. T. Apter (psicóloga de Cambridge especializada en las relaciones entre hermanas), *Minds Matter Magazine*, enero de 2019.

11. W. Allen, *Hannah y sus hermanas*, José Luis Guarner (trad.), Barcelona, Tusquets, 2007.

12. C. Higham, *Sisters: The Story of Olivia de Havilland and Joan Fontaine*, Coward-McCann, 1984.

13. S. Des Horts, *Jackie et Lee*, París, Albin Michel, 2020.

14. J. R. Taraborrelli, *Jackie, Janet & Lee*, St. Martin's Press, 2018.

15. Stock, 2017.

16. L. Le Vaillant, «Anne et Claire Berest: 3 femmes, 2 sœurs», *Libération*, 23 de julio de 2017, <https://www.liberation.fr/livres/2017/07/23/anne-et-claire-berest-3-femmes-2-soeurs_1585664/>.

17. Lydia Vázquez (trad.), Barcelona, Lumen, 2022.

18. E. O'Brien, *Crépuscule irlandais*, Sabine Wespieser, 2010.

19. Estrenada en 2017.

20. M. Zalcberg, *Quest-ce qu'une fille attend de sa mère?*, Odile Jacob, 2010.

21. M. M. Lessana, *Entre mère et fille un ravage*, Librairie Arthème Fayard, 2009.

22. Michel Lévy Frères, 1857.

23. C. Eliacheff y N. Heinich, *Mères-filles, une relation à trois*, París, Albin Michel, 2002.

24. Entrevista de Caroline Eliacheff y Nathalie Heinich con Pascale Frey, *Lire*, febrero de 2002.

25. Javier Albiñana (trad.), Barcelona, Tusquets, 2008.

26. Ana María Moix (trad.), Barcelona, Tusquets, 1984.

27. N. Appanah, *La noce d'Anna*, Gallimard, 2005.

28. <https://serialmother.yoopies.fr>.

29. A. Sthers, *Lettre d'amour sans le dire*, Grasset & Fasquelle, 2020.

30. Albert Lacroix et Cie, 1862.

31. José Antonio Soriano (trad.), Barcelona, Salamandra, 2018.

32. A. Sthers, *Lettre d'amour sans le dire*, *op. cit.*

33. Película de Christopher Frank estrenada en 1984, adaptación de su propia novela.

34. C. Frank, *L'Année des méduses*, París, Seuil, 1983.

35. M. Daly y M. Wilson, *The Truth about Cinderella: A Darwinian View of Parental Love*, Yale University Press, 1999.

36. Película de Chris Columbus, 1998.

37. Profesora de Historia Contemporánea en Paris 8, ha dirigido la obra *L'Étonnante histoire des belles-mères*, Belin, 2015.

38. <http://www.lepoint.fr/societe/au-xxie-siecle-la-belle-mere-est-toujours-caricaturee-29-10-2015-1977763_23.php>.

39. Shobanarayan.com

40. *Mothers-in-law and Daughters-in-law: Understanding the Relationship and what Makes Them Friends or Foe*, Praeger, 2007.

41. <http://atlantablackstar.com/2013/05/25/in-law-troubles-when-wife-and-mother-vy-for-his-affection/>.

42. *Cerveau & Psycho*, marzo de 2019.

43. M. F. Luxen, *Evolutionary Studies in Personnel Psychology*, tesis doctoral, Universidad de Groninga, 2004.

44. <http://au.dualjuridik.org/9066-do-any-animals-other-than-humans-undergo-menopause.html>.

45. *Cerveau & Psycho*, marzo de 2019.

46. Película de Robert Luketic, 2005.

4. Rivalidad y amistad

1. E. Ferrante, *La amiga estupenda*, Celia Filipetto (trad.), Barcelona, Lumen, 2012.

2. Copenhague, Saga Egmont, 2021.

3. M. Yalom y T. Donovan Brown, *The Social Sex: A History of Female Friendship*, Harper Perennial, 2015.

4. RBA Libros, 2011.

5. Maeva, 2009.

6. Lumen, 2012.

7. Plaza & Janés, 2001.

8. Gallimard, 2008.

9. H. Martin *et al.*, «Les relations d'amitié», *Nouvelles Questions Féministes*, 30 (2), 2011, pp. 24-33.

10. <http://www.myalom.com/the-social-sex-by-marilyn-yalom-with-theresa-donovan-brown.html>.

11. C. Vincent, «L'amitié, une passion calme», *Le Monde*, 21 de junio de 2005.

12. E. Ferrante, *Un mal nombre*, Celia Filipetto (trad.), Barcelona, Lumen, 2013.

13. L. Eichenbaum y S. Orbach, *Between Women*, Penguin, 1987.

14. A. Hope, *Nos espérances*, trad. Leplat É., Gallimard, 2020.

15. N. Cable, M. Bartley, T. Chandola *et al.*, «Friends are equally important to men and women, but family matters more for men's well-being», *Journal of Epidemiology Community Health*, 67, 2013, pp. 166-171.

16. *Rivales ou amies*, París, Albin Michel, 1999.

17. J. A. Hall, «Sex differences in friendship expectations: A meta-analysis», *Journal of Social and Personal Relationships*, 28 (6), 2011, pp. 723-747 (<https://journals.sagepub.com/doi/10.1177/0265407510386192>).

18. S. E. Taylor, L. C. Klein, B. P. Lewis, T. L. Gruenewald, A. R. Gurung y J. A. Updegraff, «Biobehavioral responses to stress in females: tend-and-befriend, not fight-or-flight», *Psychological Review*, 107 (3), julio de 2000, pp. 411-429 (doi: 10.1037/0033-295x.107.3.411).

19. <http://www.innerworkspublishing.com/news/vol56/friends.htm>.

20. <http://sisyphe.org/spip.php?article655>.

21. <http://www.lapresse.ca/vivre/societe/200911/27/01-925605-les-vertus-de-lamitie.php>.

22. *Ibid.*

23. Mariner Books, 2003.

24. Departamento de Orientación y Psicología Escolar de la Universidad de Massachusetts en Boston, College of Education and Human Development, y miembro de la American Psychological Association.

25. Free Press, 2002.

26. Helena Valentí (trad.), Barcelona, Lumen, 2019.

27. L. Tanenbaum, *Catfight: Women and Competition*, Seven Stories Press, 2011.

28. <http://www.arielagittlen.info/>.

29. <http://www.artsy.net/article/artsy-editorial-history-female-rage-art>.

30. Amelia Pérez de Villar (trad.), Madrid, Capitán Swing, 2019.

31. *Ibid.*

32. Robin Dunbar, citado por I. Sample, «The price of love? Losing two of your closest friends», *The Guardian*, 15 de septiembre de 2010.

33. *Rivales ou amies*, París, Albin Michel, 1999.

34. A. L. Bleske-Rechek y M. Lighthall, «Attractiveness and rivalry in women's friendships with women», *Human Nature*, 21 (1), 2010, pp. 82-97.

35. Película de Luke Greenfield, 2011.

36. Película de Garry Marshall, 1988.

37. Película de Nick Cassavetes, 2014.

38. femina.ch

39. <www.philosophyissexy.fr/post/ceci-est-un-hymne-à-nos-joies>.

40. C. Schneck, *Deux petites bourgeoises*, Stock, 2021.

41. <http://psychcentral.com/lib/competition-among-women-myth-and-reality>.

5. Las mujeres en la empresa

1. PUF, 2011.

2. <http://www.theatlantic.com/business/archive/2016/06/queen-bee/488144/>.

3. C. Daumas, «Misogynes?», *Libération*, 10 de mayo de 2004.

4. *Rivalités féminines au travail. L'influence de la relation mère-fille*, Odile Jacob, 2014.

5. <http://www.francetvinfo.fr/replay-radio/c-est-mon-boulot/c-est-mon-boulot-encore-trop-peu-de-femmes-parmi-les-cadres-dirigeants_4157541.html>.

6. <http://hbr.org/2020/04/its-time-to-break-the-cycle-of-female-rivalry>.

7. F. D. Blau y J. DeVaro, «New evidence on gender differences in promotion rates: An empirical analysis of a sample of new hires», *Industrial Relations*, 46, 2007, pp. 511-550 (<https://ecommons.cornell.edu/handle/1813/75885>).

8. <http://www.theatlantic.com/business/archive/2016/06/queen-bee/488144/>.

9. McGraw-Hill Professional, 2012.

10. Annick Houel se refiere al Rapport Enveff (Encuesta nacional de violencia contra las mujeres en Francia).

11. *Tripping The Prom Queen: The Truth About Women and Rivalry*, St. Martin's Press, 2006.

12. *Le Monde*, 11 de octubre de 2016.

13. R. Gremaud, «Les femmes ne sont pas plus gentilles que les hommes», *Le Temps*, noviembre de 2014, <https://www.letemps.ch/societe/femmes-ne-plus-gentilles-hommes>.

14. <http://www.scienceshumaines.com/travail-la-femme-loup-pour-la-femme_fr_35056.html>.

15. <http://www.abajournal.com/files/Bias_interrupters_report-compressed.pdf>.

16. <http://www.theguardian.com/lifeandstyle/2019/may/11/women-and-minorities-claiming-right-to-rage>.

17. Fayard, 2017.

18. *The Cut*, septiembre de 2017, por Rebecca Traister (<https://www.thecut.com/2017/09/hillary-clinton-what-happened.html>).

19. *Le Visage de nos colères*, Flammarion, 2022.

20. Según la película de George Cukor (en VF: *Hantise*), donde un hombre intenta hacer creer a su mujer (interpretada por Ingrid Bergman) que está loca.

21. *Rivalités féminines au travail. L'influence de la relation mère-fille*, *op. cit.*

22. R. Gremaud, «Les femmes ne sont pas plus gentilles que les hommes», *Le Temps*, noviembre de 2014, <https://www.letemps.ch/societe/femmes-ne-plus-gentilles-hommes>.

23. *L'Énigme de la femme active. Égoïsme, sexe et compassion*, Payot, 2003.

24. <franceculture.fr/emissions/lessai-et-la-revue-du-jour-14-15/rivalites-feminines-au-travail-revue-geneses>.

25. A. Minart, «Travail: la femme, loup pour la femme?», *Le Cercle Psy*, 18, septiembre/octubre/noviembre de 2015, pp. 70-73.

26. Álvaro Abella (trad.), Madrid, Embolsillo, 2012.

27. <http://www.franceinter.fr/histoire/mode-depuis-quand-les-femmes-portent-elles-des-pantalons-en-france>.

28. L. Salamé, *Femmes puissantes*, Les Arènes et France Inter, 2020.

29. «Sexisme ordinaire à l'Assemblée», *Le Journal du Dimanche*, junio de 2017.

30. <http://wff.org/content/articles/Amplify-Women-s-Voices>.

6. Solidaridad y sororidad

1. <http://bonniemarcusleadership.com/2016/01/18/the-dark-side-of-female-rivalry-in-the-workplace-and-what-to-do-about-it/>.

2. bell hooks, *De la marge au centre*, Cambourakis, 2017.

3. Citado en C. Delaume (dir.), *Sororité*, Points, 2021.

4. <http://www.vie-publique.fr/discours/166017-declaration-de-mme-segolene-royal-deputeee-ps-et-candi date-lelection>.

5. B. Kolly, «Sororité *versus* fraternité? De la pertinence de la présence sororale dans un contexte fraternel», *La Chaîne d'union*, 2, 2013, pp. 60-69 (<http://www.cairn.info/revue-la-chaine-d-union-2013-2-page-60.htm>).

6. Liana Levi, 2017.

7. S. Braibant, «Décès d'Aline Kiner, auteure de "La nuit des Béguines", femmes puissantes et émancipées du Moyen Âge», TV5 Monde, *interview Terriennes*, <https://information.tv5monde.com/terriennes/deces-d-aline-kiner-auteure-de-la-nuit-des-beguines-femmes-puissantes-et-emancipees-du>.

8. «Clara Luciani et November Ultra, Agnès B et Solène Rigou... Six marraines présentent leurs protégées», madame.lefigaro.fr, marzo de 2022.

9. Filósofa, psicoanalista y ensayista, autora, entre otros, de *En finir avec la culpabilisation sociale*, Albin Michel, 2021.

10. «La psychanalyste Elsa Godart: "Promouvoir quelqu'un signifie qu'on est capable de partager le succès"», madame.lefigaro.fr, marzo de 2022.

11. *Libération*, febrero de 2019.

12. C. Froidevaux-Metterie, «La sororité, un a priori féministe», en C. Delaume (dir.), *Sororité*, *op. cit*.

13. Autora en particular de *Un corps à soi*, Seuil, 2021.

14. Pódcast *C'est qui la boss* #53.

15. <http://www.forbes.fr/femmes-at-forbes/diner-girls-support-girls-le-networking-des-femmes-du-cinema/>.

16. <http://www.nytimes.com/2016/06/23/opinion/sunday/sheryl-sandberg-on-the-myth-of-the-catty-woman.html>.

17. *Ibid.*

18. C. S. Dweck, *Changer d'état d'esprit, une nouvelle psychologie de la réussite*, Mardaga, 2010.

19. Principios extraídos de la novela de Aksel Sandemose *Un fugitif recoupe ses traces* (1933).

20. <http://www.girlslikeyouandme.com/blog/2016/6/29/myth-catty-woman>.

21. <http://thriveglobal.com/stories/why-you-need-a-supportive-rival/>.

22. <http://www.businessfrance-tech.fr/2018/07/17/connaissez-vous-la-loi-de-jante-immersion-garantie-dans-la-culture-des-affaires-en-zone-nordique/>.

23. Del grupo Brigitte.

24. *Rose*, 2021.

25. Realizadora, productora y autora: *Les Derniers*, Alisio, 2020; *Les Derniers Enfants cachés*, Alisio, 2021.

26. Instagram de Aurélie Saada, 17 de enero de 2020.

27. *Gala*, 2 de junio de 2016.

28. Odile Jacob, 2017.

29. <http://www.letemps.ch/economie/rivalite-feminine-travail-un-mythe-vie-dure>.

30. Le Cherche Midi, 2007.

31. «Le boom des réseaux de femmes», *Elle* (<https://www.elle.fr/Societe/Les-enquetes/Le-boom-des-reseaux-de-femmes-163984>).

32. *Brisez le plafond de verre*, Michel Lafon, 2017.

33. Directora general de la agencia The Arcane y copresidenta del *think tank* Entreprise et Progrès.

34. Nutricionista, fundadora de Atlantic Santé y autora.

35. Salmos, 101, 5.

36. Hadith *hasan* narrado por Al-Bayhaqi.
37. Levítico, 19, 16.
38. C. Froidevaux-Metterie, «La variabilité du corps féminin doit être vécue comme une richesse», *Le Temps*, septiembre de 2021, <https://www.letemps.ch/societe/camille-froidevauxmetterie-variabilite-corps-feminin-vecue-une-richesse>.
39. *Elle Canada*, 11 de febrero de 2019.
40. *Mes bien chères sœurs*, Seuil, 2019.

Para concluir, algunos consejos para acabar con la rivalidad femenina

1. France Inter, programa *Grand bien vous fasse*, 15 de marzo de 2022.
2. M. Goyer, «La solidarité féminine existe-t-elle?», *Coup de Pouce*, abril de 2016.
3. Película de Sophie Lellouche, 2012.
4. <http://hbr.org/2020/04/its-time-to-break-the-cycle-of-female-rivalry>.
5. Película de Paul Feig, 2011.
6. Película de Anne Fontaine, 2016.
7. Libro de Kathryn Stockett, Actes Sud, 2010; película de Tate Taylor, 2011.
8. Película de Radu Mihaileanu, 2011.
9. Libro de Marcia Brunier, Cambourakis, 2020.
10. Chimamanda Ngozi Adichie, Gallimard, 2008.
11. Nathalie Rykiel, Flammarion, 2021.
12. Obra colectiva dirigida por Chloé Delaume, *op. cit.*